# LE CHATEAU ET LA VILLE

## DE

# BEAUMONT-LE-VICOMTE

## PENDANT L'INVASION ANGLAISE

## (1417-1450)

PAR ROBERT TRIGER

Président de la Société historique et archéologique du Maine
Correspondant du Ministère de l'Instruction publique et des Beaux-Arts
Inspecteur général de la Société française d'archéologie
Docteur en droit

MAMERS      LE MANS

G. FLEURY & A. DANGIN    A. DE SAINT-DENIS

IMPRIMEURS      LIBRAIRE-ÉDITEUR

Place des Grouas      Rue St-Jacques.

1901

# LE CHATEAU ET LA VILLE

## DE

# BEAUMONT-LE-VICOMTE

## PENDANT L'INVASION ANGLAISE

### ( 1417 - 1450 )

*Extrait de la Revue historique et archéologique du Maine.*
*Tomes XLIX et L, 1901.*

# LE CHATEAU ET LA VILLE

DE

# BEAUMONT-LE-VICOMTE

## PENDANT L'INVASION ANGLAISE

## (1417-1450)

PAR ROBERT TRIGER

Président de la Société historique et archéologique du Maine
Correspondant du Ministère de l'Instruction publique et des Beaux-Arts
Inspecteur général de la Société française d'archéologie
Docteur en droit

| MAMERS | LE MANS |
|---|---|
| G. FLEURY & A. DANGIN | A. DE SAINT-DENIS |
| IMPRIMEURS | LIBRAIRE-ÉDITEUR |
| Place des Grouas. | Rue St-Jacques. |

1901

# LE CHATEAU ET LA VILLE

DE

## BEAUMONT - LE - VICOMTE

### PENDANT L'INVASION ANGLAISE

( 1417 - 1450 )

Située sur la rive droite de la Sarthe, à l'origine d'une des nombreuses courbes que décrit la rivière dans cette partie de son cours, et à mi-chemin du Mans à Alençon, la petite ville de Beaumont-le-Vicomte — aujourd'hui Beaumont-sur-Sarthe — a joué pendant le Moyen-Age un rôle important.

Non seulement elle était alors le chef-lieu de la Vicomté de Beaumont, le fief le plus considérable du Comté du Maine, mais elle formait, au point de vue militaire, le centre de la seconde ligne de défense des frontières du Maine contre les invasions venant de la Normandie.

Appuyée à l'ouest par Sillé-le-Guillaume, à l'est par Ballon, elle fermait la vallée de la Sarthe, tenant lieu pour ainsi dire de fort d'arrêt sur la rivière et commandant directement les communications entre Alençon et Le Mans. Après avoir enlevé les forteresses de première ligne, telles que Fresnay, Bourg-le-Roi et Saint-Rémy-du-Plain, toute armée marchant du nord au sud était fatalement amenée à se heurter au château de Beaumont et condamnée à l'occuper avant de poursuivre son mouvement. De même, inversement, ce château offrait une excellente base d'opérations pour une offensive dirigée du Maine vers la Normandie.

Les origines de la ville de Beaumont-le-Vicomte remontent au temps de la constitution définitive du régime féodal, et les premiers Beaumont, ses seigneurs, sont connus dès la fin du X<sup>e</sup> siècle. Leur chef, Raoul, « vicomte du Maine », vivait en 994 ; il eut pour successeurs à la tête de la famille, son fils Raoul II, puis son petit-fils Hubert (1).

Guerroyeur infatigable, soldat d'un rare mérite et vaillant entre tous, le vicomte Hubert se tailla à grands coups d'épée une place particulièrement honorable dans l'histoire de son temps. Il fut, ainsi que Geoffroy de Mayenne, l'un des adversaires les plus redoutables de Guillaume-le-Conquérant, et pendant vingt ans, de 1063 à 1083, il lui résista avec un courage et une audace qui portèrent fort loin sa renommée.

Obligé d'abord de se soumettre à l'approche de la formidable armée du duc de Normandie, il ne tarda pas à lui reprendre le château de Beaumont, que Guillaume dut attaquer de nouveau. Dans un intervalle de quelques années, le château de Beaumont eut ainsi à subir trois sièges successifs, et ce ne fut qu'après la conquête de l'Angleterre qu'il tomba définitivement aux mains des envahisseurs. En désespoir de cause, Hubert se réfugia dans Sainte-Suzanne où il infligea des pertes si sensibles aux troupes anglo-

---

(1) Nous n'avons pas à discuter ici la généalogie des seigneurs de Beaumont auxquels M. Hucher a consacré dès 1882, dans cette revue, un important travail intitulé *Monuments funéraires et sigillographiques des Vicomtes de Beaumont au Maine*. Toutefois, nous devons faire remarquer que ce travail a été rectifié sur plusieurs points par des recherches postérieures, notamment par celles du R. P. dom Guilloreau, bénédictin de Solesmes, pour son histoire de l'abbaye d'Etival-en-Charnie. Nous suivons dans ces lignes les dernières rectifications apportées par dom Guilloreau à la filiation des seigneurs de Beaumont, issus, selon lui, de la famille des Comtes du Maine.

normandes qu'après un siège fameux il amena son puissant ennemi à désirer la paix (1).

Ces événements rendirent justement célèbre le vicomte Hubert ; par là même, ils attirèrent l'attention sur les châteaux de ses domaines qu'il avait défendus d'une manière si glorieuse. La ville de Beaumont, comme celle de Fresnay, prit désormais rang au nombre des principales places fortes du Maine.

En 1135, une nouvelle guerre ayant éclaté entre Henri Ier, roi d'Angleterre, et le comte du Maine Geoffroy le Bel, Roscelin, alors vicomte de Beaumont, qui avait épousé une fille naturelle d'Henri Ier, embrassa le parti de son beau-père contre son suzerain. Assiégé dans Beaumont, il s'y battit courageusement lui aussi, et ne rendit la ville qu'à demi détruite et consumée par un incendie (2).

Toutefois, les guerres normandes, dont les détails sont malheureusement peu connus, ne devaient être que les préliminaires de l'histoire militaire de Beaumont. C'est à l'époque de la guerre de Cent Ans, après l'invasion anglaise de 1417 surtout, que le rôle de cette forteresse se précise et s'élève. A ce moment, en effet, il ne s'agit plus de guerres féodales entre voisins mal endurants ou trop ambitieux ; la lutte est devenue véritablement *nationale*, et, si modeste qu'il soit, le château de Beaumont apparaît comme l'un des boulevards de l'indépendance française. Dès lors, son nom n'appartient plus seulement à l'histoire locale : il appartient à l'histoire générale et se retrouve à maintes reprises sous la plume des chroniqueurs.

A ce titre, la ville de Beaumont-le-Vicomte, au XVe siècle, mérite quelques pages spéciales, et nous nous proposons de

(1) Orderic Vital. *Hist. ecclésiastique.*

(2) « Le roi (Henri Ier) vit avec peine Geoffroi assiéger son propre gendre, le vicomte Roscelin, brûler entièrement la ville de Beaumont, et, sans égard pour la majesté royale, n'épargner en rien ce seigneur (1135) ». Orderic Vital. *Ibidem.*

faire aujourd'hui pour elle ce que nous avons fait — il y a quinze ans déjà — pour la ville de Fresnay, de reconstituer autant que possible le système de ses fortifications et les phases diverses de sa résistance patriotique (1).

Cette étude, nous devons le reconnaitre, ne sera pas aussi complète que la précédente, les documents relatifs à Beaumont étant beaucoup moins nombreux que les documents relatifs à Fresnay qui formaient, par suite d'une circonstance particulière, un ensemble exceptionnel (2). Elle nous permettra au moins de mettre encore en relief des détails archéologiques jusqu'ici négligés, et quelques épisodes inédits de l'invasion anglaise (3).

Elle présentera de plus un caractère d'actualité qui suffirait à la justifier. Ecrasé sous le poids des siècles et trop longtemps dédaigné, le vieux donjon roman de Beaumont est menacé sur plusieurs points d'une ruine prochaine. Malgré les efforts et les regrets de tous ceux qui tiennent à honneur de sauvegarder les monuments historiques du pays, malgré son aspect si pittoresque et les souvenirs si glorieux qu'il évoque pour la ville de Beaumont, il peut être condamné à disparaitre un jour. Pendant qu'il en est temps encore, il importe de faire ressortir tout l'intérêt que cet antique donjon offrit aux âges héroïques, et de lui attirer ainsi les sympathies qui seules peuvent assurer sa conservation, en évitant aux habi-

(1) *Une forteresse du Maine pendant l'occupation anglaise, Fresnay-le-Vicomte de 1417 à 1450.* Mamers, Fleury et Dangin, 1886, un vol. in-8. (Epuisé).

(2) Seule de toutes les places du Maine à cette époque, celle de Fresnay-le-Vicomte était directement rattachée à la Normandie, et beaucoup des pièces de comptabilité de l'administration anglaise dans cette province sont aujourd'hui conservées à la Bibliothèque Nationale.

(3) A part le travail de M. Hucher ci-dessus cité, il n'a encore été publié qu'une seule notice spéciale sur Beaumont-le-Vicomte : Maurice Passe, *Notice historique sur Beaumont-le-Vicomte.* Mamers, Fleury et Dangin, 1891, br. in-8. En ce moment même, M. Passe donne un résumé de cette notice dans les *Annales littéraires du Maine.*

tants de Beaumont la destruction déplorable du monument le plus important et le plus curieux de leur ville (1).

# I

## LES FORTIFICATIONS DE BEAUMONT

Plan général : deux systèmes successifs. — I. La Motte et le Château primitif. — II. Le Donjon roman, ses dépendances et l'enceinte de la ville.

Facile à restituer dans ses grandes lignes, le plan d'ensemble des fortifications de Beaumont révèle dès le premier examen deux systèmes de défense nettement distincts, qui paraissent, d'après les données générales de l'architecture militaire, avoir été employés successivement. (Pl. I).

A l'est et en dehors de la ville, une motte artificielle, en terres rapportées, d'un relief très accentué, dominant le cours de la Sarthe. A l'ouest, un donjon rectangulaire en maçonnerie, auquel se rattachent les murs d'enceinte de l'agglomération et qui leur sert de point d'appui en même temps que de réduit.

D'un côté, emploi exclusif de la terre ; de l'autre usage, exclusif des constructions en pierre.

Depuis la fin du XIe siècle, le Moyen-Age n'ayant admis les retranchements en terre qu'exceptionnellement et pour les défenses accessoires, on doit forcément se trouver ici en présence de deux systèmes successifs de fortification, car la motte est beaucoup trop considérable pour être considérée

(1) Les responsabilités que pourrait entraîner l'écroulement d'une partie des ruines n'ayant pas permis de poursuivre les combinaisons que nous avions étudiées d'accord avec plusieurs de nos collègues, M. de Marthes, préfet de la Sarthe, a dû récemment, après les plus louables efforts, céder à la demande de la municipalité en autorisant la mise en vente du donjon de Beaumont.

comme un simple ouvrage avancé de l'enceinte de la ville, et elle s'en détache d'ailleurs d'une manière très caractéristique (1).

I

## LA MOTTE ET LE CHATEAU PRIMITIF

Dans son état actuel, la motte de Beaumont, transformée en promenade publique, mesure encore près de vingt mètres d'élévation, bien que ses fossés aient été depuis longtemps comblés et sa masse sensiblement réduite : la plate-forme supérieure a 43 mètres de diamètre sur 35. L'esplanade qu'on remarque à sa base, du côté de la rivière, est de date postérieure : primitivement les talus devaient se prolonger par la pente naturelle du côteau jusqu'aux bords de la Sarthe (2).

La configuration topographique du terrain ne laisse aucun doute sur la nature de cette éminence en forme de cône tronqué. C'est incontestablement une motte artificielle, créée de main d'homme, à l'aide de terres rapportées, et on peut même ajouter que c'est l'un des spécimens les plus impor-

(1) Avant d'aborder les détails de notre sujet, nous avons le devoir d'adresser nos remerciements à M. le maire de Beaumont qui a bien voulu faciliter cette étude en nous donnant lui-même plusieurs renseignements et en faisant mettre à notre disposition tous les documents des archives municipales dont nous avions besoin, entre autres le plan manuscrit de la ville, dressé par M. Le Sage en 1832, qui nous a servi de base pour établir le plan d'ensemble des fortifications de Beaumont. Nous devons ajouter aussi que ce premier chapitre sur les fortifications de Beaumont à été lu au Congrès des Sociétés Savantes, à Nancy, le 10 avril 1901.

(2) Au commencement du XIXe siècle, M. le comte de Faudoas, baron de Sérillac, fit don à la ville de la Motte à Madame pour servir de promenade publique, moyennant une rente de 75 fr. au profit des pauvres : une inscription placée sur l'esplanade rappelle cet acte de générosité.

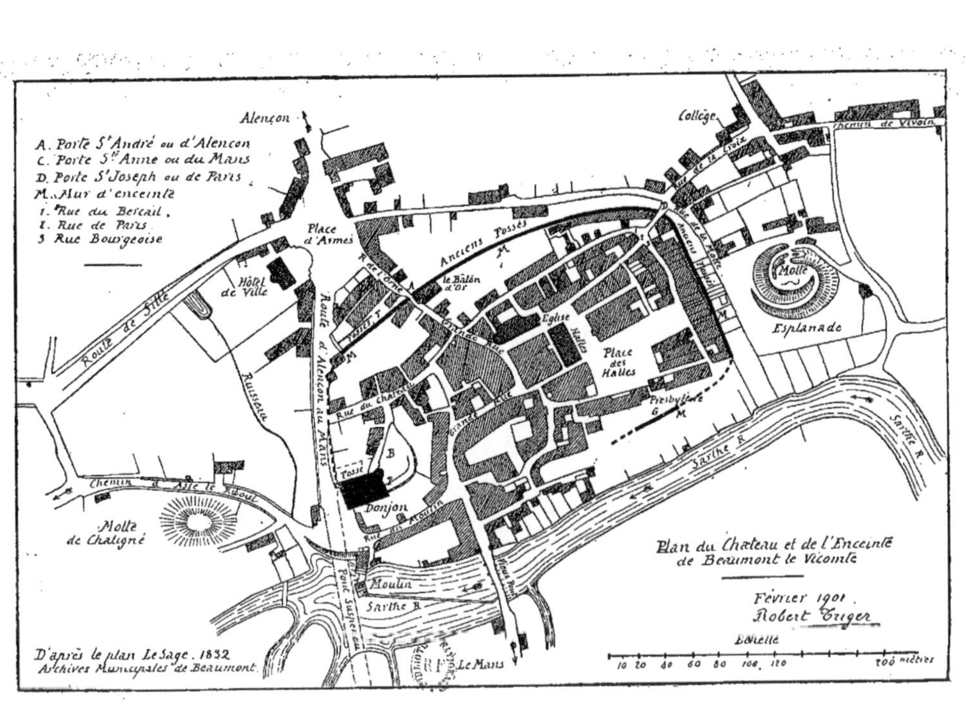


Plan du Château et de l'Enceinte de Beaumont le Vicomte

tants des mottes artificielles que possède le département de
la Sarthe.

Ses origines et sa destination première ont donné lieu à
de multiples hypothèses. Tantôt on a voulu y voir un
vulgaire dépôt de terres amassées au moment où furent
creusés les fossés de la ville ; tantôt un fort détaché. Frappé
de l'absence de toute maçonnerie et de ce fait que la motte,
devenue un fief particulier, n'appartenait pas directement
aux seigneurs de Beaumont, l'auteur du *Dictionnaire de la
Sarthe* a repoussé cette dernière opinion, sans risquer
néanmoins un avis personnel (1). Plus récemment, on a fait
remonter la motte de Beaumont à l'époque des invasions
normandes, tout en présumant qu'elle avait continué à être
fortifiée sous les vicomtes (2).

Pour notre part, nous n'hésitons pas à y voir, comme
M. Gabriel Fleury dans ses *Recherches sur les fortifications
de l'arrondissement de Mamers*, l'emplacement du château
primitif des seigneurs de Beaumont, mentionné dès 1038
dans une charte du *Livre Blanc* de l'Église du Mans (3).

Du X⁰ siècle, en effet, jusqu'à la fin du XI⁰, la fortification
a pour base essentielle, dans notre contrée, une motte artificielle avec enceinte de fossés. Ce système se retrouve
notamment dans la plupart des retranchements élevés sur
le territoire du Sonnois par les seigneurs de Bellême, et
surtout par Robert II, dit le Diable, qui fut l'un des grands
architectes militaires de son époque. Il dérive indirectement

(1) Pesche, *Dictionnaire*, I, p. 138.
(2) M. Passe, *Notice historique sur Beaumont*, p. 32-33.
(3) G. Fleury, *Recherches sur les fortifications de l'arrondissement de
Mamers du X⁰ au XVI⁰ siècle*. Mamers, 1887, in 4⁰. Cet excellent mémoire,
lu au Congrès des Sociétés Savantes le 28 avril 1886, consacrait à Beaumont
quelques lignes que nous sommes heureux de mettre à profit. Il était,
paraît-il, accompagné d'un plan manuscrit de Beaumont, qui n'a pas été
publié. Une charte du 20 janvier 1131 mentionne également le château de
Beaumont : Donation par Eudes de Juillé au prieur de Pont-Neuf d'un
cimetière près le château de Beaumont, *juxta castrum Belli (Montis)*.
D. Martène, *Thesaurus novus anecd.* t. I, p. 379. Ex. ms. S. Vinc. Cenom.

de la fortification romaine dont les premiers ingénieurs du Moyen-Age cherchèrent à s'inspirer, et l'on a même prétendu que la motte n'était qu'une transformation du *pretorium* des camps romains. Il serait plus exact, peut-être, de dire qu'elle en était le développement, car le *pretorium* était carré et peu élevé, tandis que les mottes artificielles du genre de celle de Beaumont, de forme circulaire, dominaient de 30 à 40 mètres le terrain environnant et permettaient de surveiller au loin la campagne (1).

Quoi qu'il en soit, ces mottes sont le principal élément du type classique des premiers châteaux du centre et de l'ouest de la France, aux abords de l'an 1000. Entourée d'une ou plusieurs enceintes palissadées, avec larges et profonds fossés, la motte est alors couronnée d'une tour en bois ou d'un grand édifice en charpente, de forme carrée, qui tient lieu de donjon et auquel on accède au moyen d'un pont de bois. La célèbre tapisserie de Bayeux, contemporaine de Guillaume-le-Conquérant, représente à diverses reprises ce type désormais bien connu du château féodal dans la première moitié du XIe siècle.

Tel devait être, sans aucun doute, le château primitif des vicomtes de Beaumont, lorsque Guillaume-le-Conquérant vint l'assiéger vers 1064, et de toutes les hypothèses la plus vraisemblable, croyons-nous, est que la motte qui s'est conservée jusqu'à nos jours est un dernier vestige de ce château, remplacé plus tard, à quelque distance, par un donjon en maçonnerie.

L'existence, à l'extrémité opposée de la ville, au sud-ouest, entre la Sarthe et le vieux chemin d'Assé-le-Riboul, d'un autre mamelon appelé la *Motte de Chaligné*, ne peut infirmer cette opinion.

Si, sur le plan d'ensemble des fortifications, les deux mottes se présentent dans des positions symétriques qui

(1) G. Fleury, *Mémoire cité*. V. mottes de Peray, de Commerveil, etc.

pourraient les faire comparer, d'après les idées modernes, à deux forts détachés protégeant deux des fronts de l'enceinte, elles sont bien différentes l'une de l'autre, lorsqu'on les examine attentivement sur le terrain. La motte de Chaligné, par le fait, n'est qu'un simple aménagement du sol naturel, une butte taillée à peu de frais dans le côteau. Elle est beaucoup moins considérable que la motte de l'est, dite Motte à Madame, et on y a constaté, paraît-il, quelques traces d'ouvrages en maçonnerie, tels qu'un puits qui aurait communiqué par une galerie souterraine avec le donjon roman dont cette motte n'est séparée que par un étroit ravin.

Trop éloignée de la motte principale pour avoir fait partie du même système de défense, la motte de Chaligné ne doit pas appartenir à la même époque. Jusqu'à preuve contraire, elle nous paraît plutôt se relier au donjon du XII<sup>e</sup> siècle, soit qu'elle ait été utilisée pour l'attaquer, soit que la garnison du château l'ait occupée à certains moments, afin de défendre de deux côtés le gué et le passage de la rivière.

## II

LE DONJON, SES DÉPENDANCES ET L'ENCEINTE DE LA VILLE.

C'est par la grande route du Mans, qui franchit la Sarthe sur un pont suspendu justement réputé le plus beau du département (1), qu'il faut arriver à Beaumont pour saisir dans leur ensemble la topographie et le système défensif de la ville.

Vu du parapet du pont, le paysage apparaît sous l'un des aspects les plus pittoresques que présente cette partie du Maine.

(1) Construit en 1845 et 1846, le pont suspendu de Beaumont vient d'être transformé ou plutôt refait en 1895, sous la direction de M. l'ingénieur Nano : le nouveau pont est plus solide et plus élégant encore que le précédent.

A huit ou dix mètres en contrebas, entre des prairies et des îles verdoyantes, coule la Sarthe qui s'étend en une large nappe d'eau retenue par le barrage d'un moulin, et que traverse, à une centaine de mètres en amont, un vieux pont de pierre construit en 1399 (1). De bien humble apparence à côté de son hardi voisin, ce pont a servi de passage à la route du Mans jusqu'à la construction du nouveau pont et il correspond à l'une des entrées principales de la vieille ville.

Au débouché du pont suspendu, à droite et par conséquent entre les deux ponts, s'élève sur un bloc de schiste une massive enceinte de pierre, de forme rectangulaire, qui domine encore de 25 à 30 mètres le niveau de la rivière. A l'est, sur la pente du côteau, s'abritent et s'étagent, en se prolongeant jusqu'à la motte ombragée d'arbres, les maisons de la ville : quelques unes ont conservé leurs toitures élancées et leur silhouette originale de jadis.

Cette masse énorme de pierres, imposante et sombre comme une formidable sentinelle à l'entrée du pont suspendu, est tout ce qui reste de l'ancien donjon roman de Beaumont ; elle en formait la base ou pour mieux dire la culasse.

Le plan ci-contre (Pl. II) fait connaître pour la première fois la forme exacte de ce donjon qui est celle d'un quadrilatère irrégulier de 33 mètres en moyenne sur 22 à l'extérieur, le côté du nord étant plus long de 2 mètres que celui du sud, côté de la rivière (2).

Les murs, construits en blocage, sont d'épaisseur différente. De 3 m. 30 au nord, du côté de la ville — le plus accessible — ils ont 2 m. 70 à l'ouest, et 2 m. 50 au sud, du

(1) Notes de M. l'abbé Besnard, curé-doyen de Beaumont, qui prépare en ce moment un important travail sur l'histoire de sa paroisse.

(2) Le plan inédit du donjon de Beaumont, que nous donnons ici, a été dressé par nous sur les lieux, le 23 janvier 1901, avec le bienveillant concours de deux de nos collègues de la Commission des monuments historiques de la Sarthe, M. Nano, ingénieur des ponts et chaussées, et M. Pascal Vérité, architecte.

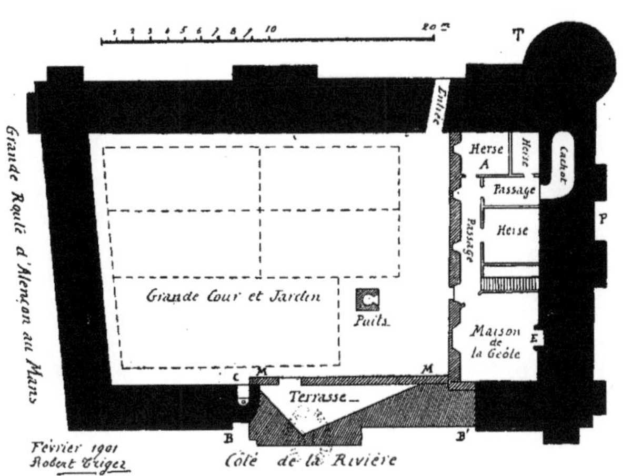


PLAN DU DONJON DE BEAUMONT-LE-VICOMTE

côté de la Sarthe où l'escarpement du terrain rendait une attaque très périlleuse.

Deux des angles, au N.-O. et au S.-E., sont renforcés par de solides contreforts de 2 mètres de largeur sur 0 m. 80 de saillie, construits en grès *roussard* de grand appareil ; des ressauts et un cordon, encore visibles à la partie supérieure, indiquent nettement que, dans le principe, ces contreforts montaient à une plus grande hauteur, sans doute jusqu'au sommet du donjon.

Seul, l'angle N.-E. est flanqué d'une tour ronde en maçonnerie de 6 mètres environ de diamètre, pleine à l'intérieur, qui a dû être ajoutée pour renforcer ce point du donjon particulièrement exposé, pour surveiller la ville et l'horizon. On parvenait à son sommet par un escalier partant du rempart.

De même, trois des faces ont été consolidées en leur milieu par des contreforts intermédiaires, plus larges que ceux des angles. Ces contreforts, d'inégale hauteur, ont dû être aussi ajoutés après coup.

Protégée au sud par la Sarthe, à l'ouest par un ravin facile à inonder, la masse du donjon était séparée de la ville par un large fossé qui demeure très apparent au nord. A ses pieds, sur la rivière, se trouvaient un moulin et un gué. Le donjon de Beaumont — *la tour de Beaumont* comme on l'appellera au XVe siècle — répondait ainsi à un double but : il commandait directement le passage de la Sarthe et il servait de réduit à la garnison en même temps que de point d'appui à l'enceinte urbaine.

L'entrée actuelle du donjon, de niveau avec la partie haute de la ville, s'ouvre au nord, à 4 mètres environ de la tour d'angle. C'est un simple passage, d'un mètre de largeur, pratiqué à une époque relativement récente dans l'épaisseur du mur et fermé par une porte vulgaire, sans intérêt.

Ce passage donne accès dans une cour intérieure de 20 mètres environ de longueur sur 15 de largeur, transformée en jardin potager et au dessus de laquelle les murs s'élèvent encore de 5 m. 50.

A la muraille Est du donjon est adossée une petite maison du XVIIᵉ siècle, qui a servi de prison sous l'ancien régime et pendant une partie de notre siècle. Nous avons pu en préciser les anciennes dispositions à l'aide d'un plan de l'époque révolutionnaire, retrouvé aux Archives de la Sarthe. Elle forme aujourd'hui un modeste logement loué avec le jardin à un honnête ouvrier qui a pris la place du geôlier (1).

La maison, d'aspect fort triste ainsi qu'il convient à son passé, ne se distingue que par les grilles *classiques* qui garnissent ses fenêtres ; toutefois, nous avons cru y reconnaitre en *E* une cheminée antérieure à l'édifice actuel. En *A* était une chapelle, et dans l'épaisseur du mur du fond, mur du donjon lui-même, est pratiquée une sorte de cachot noir de 4 m. sur 1 m. 50.

Le sol de la cour et du jardin, de niveau avec la ville, est très élevé au-dessus de la rivière. On a prétendu qu'il recouvrait des souterrains ou tout au moins une cave. L'accès de cette cave ayant été obstrué par le remblai du pont suspendu, nous n'avons pu l'explorer. Le fait certain est qu'il subsiste dans la cour un puits très profond qui peut communiquer avec quelque galerie horizontale ou avec l'un de ces celliers si fréquents dans les constructions du même genre.

---

(1) V. les *Procès-verbaux d'estimation de la seigneurie de Beaumont (1707-1711):* «En premier avons veu et visité le château du dit Beaumont, ainsi qu'il parait par le procès-verbal du 12 novembre dernier ; duquel chateau il ne reste plus que quelques vestiges dont la place est en forme de quaré oblong ayant environ quatre-vingt-dix pieds de longueur sur quarante-cinq de large, enclos d'antiens murs fort hault et d'environ huit pieds d'épaisseur ; dans ladite enclôture, à l'un de ses bouts, *a esté modernement construit un apenty qui sert de prisons et de logement au geolier*, composé d'une salle basse, une petite chambre à costé où l'on retire des prisonniers, une petite chapelle au bout (A), et deux cachots au derrière ; au premier étage il y a deux chambres haultes et greniers dessus, couverts de tuiles, et le surplus de la dite place est en cour et jardin en laquelle il y a un puy, etc. » Archives de la Sarthe, E. 19.

Enfin, il est à remarquer que sur une longueur d'environ 12 mètres au milieu du côté sud, le mur d'enceinte primitif du donjon a été arrasé au niveau de la cour [B B'] et remplacé par un simple mur de clôture [M M']. On y a pratiqué une petite porte qui conduit à une terrasse formée par l'épaisseur de l'ancien mur, et d'où l'on jouit d'un vaste panorama sur la rivière et la vallée.

Si mutilées et si informes qu'elles soient, ces ruines suffisent pour reconstituer dans ses grandes lignes le donjon de Beaumont et reconnaitre le type auquel il se rattache.

Construit très vraisemblablement après les guerres du XIᵉ siècle, au plus tard au commencement du XIIᵉ, il appartient à la famille des premiers donjons en pierre, de forme rectangulaire ou carrée, comme ceux de Beaugency, de Loches et de Courmenant (1), et mieux à la famille des donjons normands de l'époque romane, comme ceux de Domfront, Falaise, Nogent-le-Rotrou, Sainte-Suzanne ; il ne peut guère leur être postérieur, car, dès la fin du XIIᵉ siècle, on change de système et on abandonne le plan rectangulaire (2).

De même que ces donjons normands, celui de Beaumont devait comporter plusieurs étages et s'élever à une hauteur beaucoup plus grande que celle des murs actuels : les ressauts des contreforts ne laissent aucun doute sur ce point. Il n'était évidemment pas vouté, mais, à défaut de murs de refend et de corbeaux dont nous n'avons retrouvé aucune trace, il serait téméraire de chercher à préciser les dispo-

---

(1) Commune de Rouez-en-Champagne, canton de Sillé-le-Guillaume (Sarthe). Ce donjon, en forme de parallélogramme et jadis à plusieurs étages, est l'un des plus anciens et des plus curieux de la région. Assises sur des rochers de schiste, ses hautes murailles, couronnées de lierre, se dressent dans un site pittoresque et sauvage, au bord d'un petit ruisseau. Il appartient à notre confrère, M. Liger, qui l'habite et y a créé un musée d'objets d'art du plus vif intérêt.

(2) V. Viollet le Duc, *Dictionnaire d'architecture*, tome V, p. 51, au mot *Donjon*.

sitions intérieures, de dire si les planchers recouvraient en totalité ou seulement en partie la surface comprise dans l'enceinte.

Il n'est pas davantage possible de déterminer l'emplacement de l'entrée primitive. Suivant la règle générale, elle ne devait pas se trouver au niveau du sol, mais au premier étage, au dessus de la partie subsistante des murs. Si l'on ne croit pouvoir admettre cette hypothèse, il ne reste d'autre solution que de placer l'entrée, soit du côté de la rivière, dans la brèche de la terrasse, à une hauteur déjà considérable, soit en *P*, dans le mur de fond de l'ancienne prison qui parait à l'extérieur avoir subi quelques remaniements.

Dans tous les cas, cette entrée primitive était incommode, compliquée, et le donjon de Beaumont offrait par là même tous les avantages et tous les inconvénients des édifices similaires.

Excellent refuge contre une troupe dépourvue d'engins puissants, il ne se gardait que par sa masse, par l'épaisseur de ses murs, par la difficulté de ses accès et il ne se prêtait qu'à une défense passive. Ses dispositions interdisaient toute offensive à sa garnison. S'il pouvait tenir des mois entiers, sans avoir rien à craindre que la famine, devant une armée timide ou privée de moyens d'attaque, il était exposé aux plus graves dangers en présence d'un ennemi actif ou plus avancé dans l'art des sièges : ses défenseurs, prisonniers dans leurs propres murailles, ne pouvaient arrêter par des sorties les travaux d'approche de l'assaillant ; ils se trouvaient sans protection contre les mines et les machines de guerre.

Par suite des difficultés de l'accès et de l'exiguité relative de l'enceinte, le donjon ne contenait vraisemblablement que l'habitation du vicomte, le logement de la garnison, des caves et des celliers pour les approvisionnements ; il ne pouvait abriter qu'un nombre de chevaux restreint, et il lui fallait dès lors des dépendances, tout au moins cette basse cour ou baille qu'on retrouve auprès de tous les châteaux du Moyen-Age.

A Beaumont, le tracé de la baille ne saurait être restitué avec la même précision qu'à Fresnay (1). Nous croyons cependant avoir reconnu son emplacement en avant de l'angle et de la tour N.-E., du côté de la ville : des murs de terrasse, qui dessinent sur ce point une ligne circulaire, pourraient bien correspondre à l'enceinte de la baille dont les retranchements constituaient comme toujours pour le donjon une défense avancée (Pl. I. B). Quoi qu'il en soit, de ce côté seulement, le sol extérieur se trouve au niveau de la cour et il ne serait pas impossible qu'à une époque quelconque une communication eut existé en $P$, entre le donjon et la baille.

Conformément à une disposition très fréquente dans les places fortes du Moyen-Age, le château de Beaumont était situé, nous l'avons dit, à l'une des extrémités de l'agglomération, sur le point du terrain le plus escarpé, l'un de ses côtés, celui de l'ouest, donnant directement sur la campagne.

Lorsque la ville fut close de murailles et de fossés, il servit tout naturellement de point de départ à l'enceinte qui s'en détacha pour décrire vers l'est une sorte d'ellipse dont le grand axe, parallèle à la Sarthe, comptait environ 300 mètres et le petit axe 200.

En plusieurs endroits le tracé de cette enceinte demeure assez apparent pour qu'on puisse en rétablir le plan. De l'angle N.-O. du donjon, par exemple, elle remontait d'abord vers le nord, pendant près de cent mètres, en suivant la direction actuelle de la grande route du Mans qui en a fait disparaître les derniers vestiges, puis elle tournait vers l'est pour gagner, par une courbe très allongée, l'extrémité nord-est, redescendait ensuite au sud, en laissant la motte à

(1) Nous trouverons plus loin la *baille* du château de Beaumont expressément citée dans un document du XV<sup>e</sup> siècle. V. au chapitre II.

quarante mètres en dehors, et revenait enfin au château de l'est à l'ouest, parallèlement à la Sarthe, mais à mi-côte de la colline jusqu'aux abords du vieux pont où elle devait rejoindre le bord même de la rivière.

Les fossés avaient encore, en 1707, « six toises de largeur à l'orifice » (1) et sont toujours reconnaissables au nord, notamment entre la route du Mans et la Grande Rue (Pl. I. F.).

Quant aux murs, de 2$^m$ 50 de largeur en moyenne, on les distingue sans peine de ce même côté du nord et aussi à l'est, en face de la motte, sous la ligne des maisons. Au sud, on les retrouve sous l'une des terrasses du nouveau presbytère, où ils présentent dans leur épaisseur une sorte de puits sec communiquant avec une galerie recouverte de pierres plates. Au besoin, ce puits pouvait servir de poterne et cette galerie de chemin couvert pour se porter d'un point à un autre.

Trois portes, aujourd'hui détruites, donnaient accès dans la ville : la première à l'extrémité nord de la Grande Rue, dite *Porte Saint-André* ou *Porte d'Alençon* [A] ; la deuxième à l'extrémité sud de la même rue, sur le vieux pont, dite *Porte Sainte-Anne* ou *Porte du Mans* [C] ; la troisième au N.-E. à l'entrée du chemin de Vivoin, près du carrefour des rues Bourgeoise, de Paris et du Bercail, dite *Porte Saint-Joseph* ou *Porte de Paris* [D].

Un procès-verbal de 1772 nous apprend qu'à cette date, la *Porte Saint-André*, « donnant sur la grande route à aller à Alençon, » avait sept pieds de largeur sur vingt de hauteur sous le faîte et neuf de clair : ses jambages, en pierre de taille rousse, avaient chacun six pieds de largeur, et l'un d'eux était attenant « *au Roy d'Espaigne* ».

Elle était protégée aux quatre coins par des bornes en pierre rousse, et garnie par un portail en bois « fermant en coulisse », qu'on levait au moyen de deux bascules (2).

(1) Archives de la Sarthe, E. 19.
(2) *Procès-verbal et montrée du 25 août 1772*, Archives de la Sarthe, E. 19.

Dès l'année 1655, il avait fallu refaire la double arcade en pierre et la voute de cette porte qu'on avait couronnée d'un parapet de 4 pieds de haut sur 2 pieds d'épaisseur, percé d'embrasures à mousquet (1).

Aujourd'hui l'emplacement de la *Porte Saint-André* n'est plus marqué que par un rétrécissement de la Grande Rue à la hauteur de l'hôtel du *Bâton d'Or*, mais la maison d'en face, de construction moderne, conserve pieusement dans une niche, au milieu de sa façade, une vieille statue de saint André qui, suivant l'usage traditionnel, devait surmonter l'ancienne porte.

De la *Porte Sainte-Anne* « joignant le grand pont sur la Sarthe », déjà menacée de ruine en 1642, il ne restait en 1772 que les deux piliers sur lesquels on avait édifié une chambre en colombage appartenant à un particulier, « le sieur Mallet ». Le commissaire-enquêteur faisait judicieusement observer, à ce sujet, « que les murs, portes de ville et autres fortifications étant de leur nature inaliénables, il lui paraissait surprenant que cette partie eut pu entrer dans le commerce et être vendue à des particuliers ». En conséquence il en référait à la Chambre des Comptes pour être statué sur cet empiètement (2).

De même, la *Porte Saint-Joseph*, « donnant du côté du bourg de Vivoïn », n'avait plus en 1772 que ses deux piliers, supportant un grenier au sieur Le Sueur, substitut de Mgr le Procureur général (3).

A l'époque féodale, les portes de Beaumont, comme le donjon, étaient gardées en temps de guerre et à certaines époques de l'année par les vassaux du Vicomte, tenus en vertu de leurs obligations féodales à plusieurs jours de

<hr>

(1) Archives municipales de Beaumont. *Registre des délibérations des paroissiens, manans et habitants de la ville et paroisse de Beaumont* (1624-1673).

(2) Archives de la Sarthe, E. 10.

(3) Archives de la Sarthe, E. 19.

service avec leurs hommes armés et à cheval (1). L'un d'eux était même contraint d'approvisionner la table de son suzerain, en lui fournissant chaque année en son château de Beaumont « un bon plat de poisson frit » (2).

A l'intérieur, la ville a conservé tous les traits caractéristiques des anciennes places fortes, rues étroites et tortueuses, avec des pentes abruptes sur le flanc du côteau, maisons entassées dans un désordre pittoresque, souterrains légendaires (3), vieille église à demi-ruinée, qui n'a sauvé des désastres de jadis que les débris d'une belle porte romane du XIIᵉ siècle. Malgré ses récentes transformations, malgré même son pont suspendu et son éclairage à l'acétylène, Beaumont-sur-Sarthe demeure toujours, pour l'historien et l'archéologue, Beaumont-le-Vicomte, c'est-à-dire une ville du passé, connue surtout par ses glorieux souvenirs.

(1) Aveu de Jeanne Buignon, de sa motte ancienne de Meurcé, sous le devoir de quinze jours de garde en la ville de Beaumont. — Aveu de Pierre des Arglantiers... pourquoi ledit seigneur doit garder avec ses officiers et estagers (vassaux) de la terre de Possay, en la paroisse d'Assé-le-Riboul, et ses sujets en la ville de Beaumont, les portes de ladite ville, chaque année, de la vigile Saint Jean Baptiste, soleil couchant, au lendemain jour de ladite fête, soleil couchant. — Aveu de Guillaume de Cordouen... et sont ses sujets tenus d'aller chacun an, une fois, a la réparation des fossés du château de Beaumont, avec la redevance de quarante jours de garde audit château et une chevauchée aux dépens du duc d'Alençon. — Aveu du seigneur de Grandchamp, sous le devoir de deux mois de garde au château de Beaumont par un homme armé et à cheval, etc. — *Aveux aux vicomtes et seigneurs de Beaumont.* Archives de la Sarthe, E. 10, 11, 12.

(2) Aveu de Nicolas du Tertre, chapelain de la Madeleine. Archives de la Sarthe. E. 12.

(3) « De nombreux affaissements ont signalé la présence de souterrains sous la place des Halles. Il est difficile de préciser en quel sens ils se dirigent, mais on a constaté qu'ils aboutissent généralement dans les anciens fossés de ville. Il est donc supposable que ces souterrains, signalés dans le voisinage des puits, à une profondeur d'environ cinq ou six mètres, servaient de canaux pour conduire les eaux dans les fossés. Ils pouvaient aussi, dans les moments difficiles, servir à gagner la campagne ». M. Passe, *Notice historique sur Beaumont*, p. 32.

## II

## L'INVASION ANGLAISE ET LA RÉSISTANCE (1)
### 1417 - 1430

Prise de Beaumont par les Anglais, octobre 1417. — Excès de la garnison
et organisation de la résistance. — Reprise de Beaumont par Ambroise
de Loré, juillet 1418 ; Foulques de Courtarvel, capitaine de Beaumont.
— Campagne de Falstaff et marche de Salisbury sur Le Mans ; deuxième
siège de Beaumont, 1424-1425. — Episodes inédits : combat autour de
Beaumont et tentative de prisonniers « armignacs » pour enlever la
place, 1427. — Suites de la délivrance d'Orléans : les Français rentrent
à Beaumont, 1429-1430.

En anéantissant dans une seule journée toutes les forces
actives de la France , la défaite d'Azincourt ne pouvait
manquer d'exciter les ambitions insatiables de l'Angleterre
et autorisait de sa part les entreprises les plus hardies.

(1) Pendant la première partie de la guerre de Cent-Ans, c'est-à-dire
jusqu'à la bataille d'Azincourt, l'histoire du château et de la région de
Beaumont demeure assez obscure et assez effacée. Elle se réduit, en
résumé, aux quelques faits suivants :

En 1356, ravage des environs de Beaumont par la compagnie anglo-
navarraise de Philippe La Chèze, dont nous avons signalé pour la première
fois la présence à Fresnay dans notre étude sur *Fresnay-le-Vicomte de
1417 à 1450*, (Mamers, 1886, in-8), et sur laquelle M. l'abbé Ledru vient
de donner quelques nouveaux détails dans son travail *Le Maine sous le
règne de Jean Le Bon*. (*La Province du Maine*, tome VII), p. 220.

A la fin de 1360, prise de Du Guesclin par l'anglais Hugh de Calverly,
aux environs de Ségrie, dans un combat dit jusqu'ici du *Pont de Juigné*,
et que M. l'abbé Ledru croit pouvoir placer à *Jouvigné*, commune de
Vernie (V. *Ibidem*, p. 169 et VIII, p. 70, et Siméon Luce, *Du Guesclin*,
p. 347 à 349).

Le 3 décembre 1370, veille de la bataille de Pontvallain, passage
*présumé* au château de *Juillé*, près Beaumont, de Du Guesclin et de son
armée marchant de Caen sur Pontvallain. (V. l'abbé Ledru, *Bataille de
Pontvallain, Ibidem*, II, p. 1 et 33).

En 1412, occupation de Beaumont pour le roi de Sicile et le parti
bourguignon, par Antoine de Craon et Robert de la Heuse, dit Le Borgne.
Quelques semaines plus tard, en avril, siège et prise de la ville par Arthur

Aussi, moins de deux ans après cette funeste bataille, le **roi** d'Angleterre, Henri V, se décidait-il à tenter un coup décisif et à conquérir la Normandie entière.

Débarqué à Touques le 1er août 1417, l'armée anglaise s'emparait de Caen dès le mois de septembre et d'Alençon le 22 octobre. Surpris par la rapidité de ses mouvements, les Français n'avaient pu opposer qu'une faible résistance. Pour comble de malheur, le duc d'Alençon, Jean I, ayant été tué à Azincourt, ses domaines, y compris la vicomté de Beaumont, n'avaient alors pour défenseurs que sa veuve Marie de Bretagne et son fils Jean II, un enfant de huit ans !

Encouragés par ces circonstances et par la facilité de leurs succès, les envahisseurs poursuivirent aussitôt leur marche à travers le Maine. En moins de quinze jours, dit Parceval de Cagny, « fut presque tout le pays d'Alençon conquesté » (1). Il n'y avait aucune résistance, ajoute Juvénal des Ursins dans un passage maintes fois reproduit, « si non de pauvres compagnons qui se tenaient ès bois. Et les prenaient les Anglais et les amenaient ès forteresses et les autres jettaient en la rivière » (2).

Comme Fresnay et la plupart des places de la frontière du Maine, Beaumont-le-Vicomte se rendit « par composition ». D'un seul bond, l'ennemi s'avança « jusqu'à deux lieues près de la cité du Mans (3) », et ses coureurs atteignirent même les faubourgs qu'ils brulèrent en partie (4).

---

de Richemont, pour le comte d'Alençon et le parti armagnac. (V. Gruel, *Chronique d'Artus III* ; E. Cosneau, *Le Connétable de Richemont*, Paris, Hachette, 1886, p. 24).

Nous croyons dès lors préférable de restreindre cette étude à la dernière période de Cent-Ans, qui commence avec l'invasion de 1417, sur laquelle nous avons beaucoup de documents et qui met bien davantage en relief le rôle militaire de Beaumont-le-Vicomte.

(1) Parceval de Cagny, *Chronique d'Alençon,* Bibl. Nationale, mss. Duchesne, n° 48.

(2) Juvénal des Ursins, *Histoire de Charles VI.* Edit. Panth. litt. p. 541,

(3) Bibl. Nationale, mss. De Camps, tome 48, fol. 663.

(4) L'abbé Robert Charles, *L'invasion anglaise dans le Maine, de 1417*

Maitre de Beaumont, le roi d'Angleterre, avant son départ d'Alençon, daigna prendre sous sa protection, ou mieux accorder des lettres de sauvegarde aux habitants de Beaumont et de plusieurs paroisses voisines, telles que Vivoin, Ségrie, St Germain-de-la-Coudre, Coulombiers, etc. (1).

Cette protection, toutefois, ne tarda pas à devenir bien illusoire ou fut singulièrement comprise par les capitaines anglais. En effet, aux termes d'un document que nous avons jadis publié (2), la garnison de Beaumont, de même que celles de Fresnay et de toutes les places voisines, s'abandonna, dès la première heure, aux plus coupables excès. Elle rançonna et pilla sans scrupules le pays environnant, « mit la main sur plusieurs grosses terres, manoirs ou fiefs », détroussa les marchands, viola des femmes et massacra des paysans, si bien que les campagnes devinrent inhabitables et se dépeuplèrent rapidement.

Ces excès soulevèrent de vives réclamations et donnèrent lieu à une apparence de répression, en février 1418 (3), de la part de Jean d'Arundel et Roland Leyntale « conservateurs des trèves » conclues avec la reine de Sicile (4). Ils soulevèrent aussi, dans les populations, de violentes colères ; comme les trèves ne s'étendaient point à la vicomté de Beaumont, apanage du duc d'Alençon, la résistance s'y

à *1428*, publié par l'abbé L. Froger, extr. de la *Revue hist. et arch. du Maine*, 1889, p. 10.

(1) *Mémoires des Antiquaires de Normandie*, tome XV, *Rôles de l'échiquier de Normandie*.

(2) *Fresnay-le-Vicomte de 1417 à 1450*, p. 138.

(3) Toutes les dates citées dans cet article le sont en *style nouveau*, c'est-à-dire qu'elles sont ramenées à notre manière actuelle de compter, en commençant l'année au 1er janvier.

(4) *Ibidem*, p. 138 : Jean d'Arundel et Roland Leyntale, conservateurs des trèves, mandent aux capitaines de Fresnay, *Beaumont*, Tannie, etc. de réprimer les excès commis par leurs garnisons et signalés dans une complainte à eux adressée par la reine de Sicile, les gens d'Eglise, nobles, bourgeois et habitants de l'Anjou et du Maine, Alençon, 20 février 1418 (n. st).

ɔrganisa peu à peu, et la lutte, ravivée par les haines, y reprit avec une nouvelle ardeur.

A cette date, Pierre, bâtard d'Alençon, est le principal champion de la cause française dans la région. « C'est un jeuue homme au sang bouillant, intrépide à la bataille, ennemi acharné de l'anglais. Il a juré de venger la mort de son père à Azincourt et ne fait pas de quartier à ses prisonniers » (1). Avec lui marche un jeune écuyer de grand avenir, qui fait alors ses débuts et qui deviendra bientôt le plus illustre des défenseurs du Maine, Ambroise de Loré.

Vers la fin de juin 1418, après avoir reconnu l'impossibilité de faire lever le siège de Domfront avec le peu de gens à leur disposition, tous deux se rabattent inopinément sur Fresnay-le-Vicomte, surprennent la garnison anglaise pendant une nuit obscure, et s'emparent de la place dont Ambroise de Loré sera bientôt nommé capitaine (2).

Le bâtard d'Alençon risque aussitôt un coup de main sur Beaumont. Il échoue et se voit obligé de battre en retraite « sans rien faire », mais très peu de temps après, le soir du même jour, dit Juvénal des Ursins, Ambroise de Loré et Pierre de Fontaines arrivent à leur tour sous les murs de la ville. Ils la soumettent à un siège régulier, qui dure huit jours et fait enfin tomber entre leurs mains le château et ses défenses. Cet heureux succès entraine la reddition de dix ou douze petites places voisines (3).

Jusqu'ici la date exacte de la reprise de Beaumont par Ambroise de Loré et Pierre Fontaines ne semble pas avoir été nettement reconnue par tous les historiens (4). On peut la fixer au plus tard, croyons-nous, aux derniers jours de juillet 1418, car le 4 août, Foulques de Courtarvel est nom-

---

(1) R. Charles, *L'invasion anglaise etc.*, p. 17.
(2) Juvénal des Ursins, *loc. cit.*, p. 541.
(3) Juvénal des Ursins, *Ibidem*, p. 541-547.
(4) M. S. Luce, notamment, dans sa *Chronique du Mont-St-Michel*, la place en 1419. t. I, p. 22.

mé par le bâtard d'Alençon capitaine de Beaumont-le-Vicomte (1).

Foulques de Courtarvel, II° du nom, chevalier, seigneur dudit lieu et de la Lucazière, avait servi dès 1392, en qualité d'écuyer, dans la compagnie de Jean de Neuville. Le 7 janvier 1419, Marie de Bretagne, garde de son fils, Jean II d'Alençon, lui fait payer une somme de 200 livres pour l'entretien et la solde des gendarmes sous ses ordres à Beaumont. L'année suivante 1420, Foulques de Courtarvel part de Beaumont avec une partie de sa compagnie pour aller renforcer les troupes françaises en Anjou, est fait prisonnier au combat de Durtal, et, à peine libre, tombe le 22 mars 1421, sur le champ de bataille de Baugé (2).

L'affaiblissement de la garnison de Beaumont et le départ de son vaillant capitaine furent peut-être une grave imprudence, car au même moment, au printemps 1420, les Anglais rentraient à Fresnay-le-Vicomte après avoir capturé Ambroise de Loré, et Beaumont redevenait ainsi une forteresse de première ligne, exposée sans protection à tous les coups et à toutes les convoitises de l'ennemi. Cependant, malgré de multiples péripéties et de nombreuses escarmouches difficiles à préciser, la place était encore au pouvoir des Français en 1424 (3).

(1) Bibl. Nationale, *Pièces originales*, vol. 800, dossier 20038, fol. 119. « Provisions de la charge de capitaine du château de Beaumont-le-Vicomte données le 4 août 1418 à M° Fouques de Courtarvel, chevalier, seigneur de Courtarvel, par Pierre, bâtard d'Alençon, capitaine de certain nombre de gens d'armes pour le service du Roy et capitaine du chatel de Fresnay et commissaire en cette partie pour mettre des capitaines et gardes des forteresses que l'on pourrait recouvrer sur les anglais, anciens ennemis du Roy, appartenantes à M™° la duchesse d'Alençon, etc. »

(2) L'abbé A. Ledru, *Le Château de Sourches*, 1887, in-8, p. 90.

(3) Au dire d'Odolant Desnos, *Mémoires hist. sur Alençon*, II, p. 14, (d'après les *Rôles français, normands et gascons*) « Robert Brent, *capitaine de Fresnay*, aurait repris Beaumont au commencement de 1420 (en 1419 v. st.) » ce qui n'aurait rien d'invraisemblable, car le château de Ballon, comme celui de Fresnay, tombait à ce même moment aux mains

En cette année 1424, un nouveau revers frappe le parti national et lui fait oublier la joie causée par le combat de la Brossinière. Le 17 août, les troupes de Charles VII perdent la bataille de Verneuil, dans laquelle le jeune duc d'Alençon, vicomte de Beaumont, est fait prisonnier. C'est un échec tout particulièrement désastreux pour le Maine.

Les vainqueurs, libres désormais dans leurs mouvements, ne songent plus qu'à compléter la conquête de cette province et à marcher sur Le Mans.

Ils ne veulent rien brusquer néanmoins, et avant d'attaquer cette ville ils jugent prudent de l'isoler, de la cerner pour mieux dire, en consacrant une campagne préparatoire à enlever les places de second ordre qui pourraient barrer leur route.

Au mois de septembre 1424, un mois à peine après la bataille de Verneuil, une véritable armée est constituée dans ce but, sous le commandement de Monseigneur de Scales, de messire Jehan Falstaff, gouverneur d'Alençon et capitaine de Fresnay, grand maître d'hôtel du Régent, lieutenant du roi d'Angleterre au comté du maine, et de messire Jehan de Montgomery, capitaine de Domfront. Le premier amène avec lui 30 lances de sa compagnie, le second 60 lances, le troisième 18 lances. En outre, conformément au système si fréquemment employé alors, la plupart des capitaines des forteresses de Normandie reçoivent l'ordre de leur envoyer « pour la conqueste du Maine » de petits déta-

---

des Anglais. Dans ce cas, il faudrait admettre que Beaumont redevint français après la bataille de Baugé, c'est-à-dire en décembre 1421, dans la campagne où le comte d'Aumale et le duc d'Alençon reprirent Ballon (Odolant Desnos, p. 19) et assiégèrent Alençon, quelques mois avant la tentative infructueuse de Loré et de du Bellay sur Fresnay (1422). Cette version expliquerait peut-être pourquoi Juvénal des Ursins mentionne deux fois successivement la prise de Beaumont par Ambroise de Loré, mais nous devons faire remarquer à l'encontre que Robert Brent ne fut nommé capitaine de Fresnay que le 14 janvier 1421. V. *Fresnay-le-Vicomte de 1417 à 1450*, p. 52.

chements de marche, prélevés sur l'effectif de leurs garnisons : le capitaine de Vire, 20 lances ; ceux d'Essay, de
Falaise, d'Argentan et d'Exmes 3, 10, 8 et 4 lances ; le grand
sénéchal de Normandie 10 lances ; les capitaines de Caen,
de Saint-Lô, de Bayeux, de Honfleur, de Touques, 10, 6, 9,
8 et 4 lances (1). Chaque lance étant accompagnée de 3
archers à cheval, le total s'élève à plus de 200 lances et 600
archers, représentant au moins 1500 combattants (2).

L'armée se concentre à Alençon où Falstaff passe ses
premières montres le 6 septembre (3). Pour assurer le
paiement « des gens ordonnés aller devant le Maine » et le
fonctionnement des services financiers, Hémon de Belkenap,
trésorier et général gouverneur des finances de France et de
Normandie, est venu lui-même de Rouen à Caen, avec le
receveur général, et séjournera 25 jours dans cette dernière
ville, du 28 août au 21 septembre. D'autre part, le vicomte
de Caen, Raoul d'Etampes a fait réquisitionner par l'un de
ses sergents dans les villages des environs « plusieurs gens
charetiers, charetes et chevaux », pour conduire de Caen
jusqu'à Argentan « certaine bombarde avec plusieurs pierres
de canon et autres abillements de guerre » (4).

Cette armée entre en campagne au plus tard le 15 septembre. Son premier objectif est Beaumont-le-Vicomte.

Un document inédit nous l'apprend expressément, en
nous présentant le compte exact des retenues faites aux
capitaines dont les hommes d'armes défaillirent de se trouver
à cette date *au siège de Beaumont au Maine*. De ce nombre
sont par exemple, « Richard Wideville, escuier, seigneur de

(1) Bibl. Nationale, Fonds français, 4485, p. 319 et suiv. *Comptes de Pierre Sureau.*

(2) D'après M. S. Luce, *Chronique du Mont-Saint-Michel*, I, p. 148.
Chaque homme d'armes était en effet escorté d'un page et d'un coutilier,
et chaque couple d'archers avait un servant.

(3) Bibl. Nationale, Fonds français, 25767, *Montres,* n° 93.

(4) Bibl. Nationale, Fonds français, 4485, p. 373. *Comptes de Pierre Sureau,* et 26047, *Quittances,* n° 314.

Préaulx et de Dangu, cappitaine de Caen et grand seneschal de Normandie, Richard Gétin, escuier, cappitaine d'Essay ; Mgr Guillaume Breton, chevalier, bailli de Caen et cappitaine de Baieux ; Estienne Hartefeil, escuier, cappitaine d'Exmes » (1).

Beaumont-le-Vicomte fut donc certainement assiégé vers le milieu de septembre 1424, et l'importance de l'armée assiégeante prouve tout l'intérèt que les Anglais attachaient à la prise de la place. Le résultat de ce siège n'en reste pas moins incertain, bien que Sillé-le-Guillaume ait été obligé de capituler le 1ᵉʳ octobre, et Tannie quelques jours plus tard (2).

Au mois de juillet de l'année suivante, en effet, le comte de Salisbury, qui vient de prendre Étampes et Rambouillet, marche directement sur Le Mans, avec une armée beaucoup plus considérable encore. Or, on connait une pièce de lui, *« donnée au siège devant Beaumont le 12 juillet 1425 »* (3), et cette pièce a fait dire non sans vraisemblance à des historiens récents et très autorisés, que Beaumont-sur-Sarthe n'était tombé au pouvoir des Anglais que pendant la campa-

(1) Bibl. Nationale, Fonds français 4485, p. 276 ; *Comptes de Pierre Sureau ;* « Autre recepte faite par ledit receveur général par l'ordonnance de Mgr le Régent le royaume de France, duc de Bedfort, d'aucuns cappitaines d'icelui pais et duchié de Normandie, ausqueulx mondit seigneur avait ordonné et à eulx commandé et fait savoir qu'ils envoiassent au mois de septembre mil ccccxxIIII certain nombre des gens d'armes et archers de leurs retenues et garnisons en la compagnie de Mgr Jehan Falstoff et de Mgr de Scales, chevaliers, *au siège de Beaumont au Maine,* et *lesqueulx cappitaines défaillirent de y envoier leurs dites gens ordonnés y aller,* et pour ce leur a esté par ledit receveur général rabatu sur leurs gaiges les sommes qui s'ensuivent, etc. » — V. aussi, Archives Nationales, K. 62, nº 11/15.

(2) Bien connu depuis quelques années, le texte de la capitulation de Sillé, où commandait alors Olivier Le Forestier, a été publié *in extenso* dans le *Sillé-Journal* du 3 juillet 1887 d'après la collection Arundel du *British Museum*. Quant au siège de Tannie, on peut consulter J. Chartier, I, 43, et Cousinot, *Chronique de la Pucelle,* p. 226.

(3) Archives Nationales, K, 62, nº 187.

gne décisive de 1425, quelques jours seulement avant la ville
du Mans (1).

Nos documents ne permettant pas de mettre en doute le
siège de 1424, jusqu'ici inconnu (2), on peut se demander
comment le concilier avec celui de 1425 ?

Le comte de Salisbury est signalé au mois de juin à
Longni (3), et fut attaqué, au dire de Cousinot, par le capitaine de Mayenne, Pierre Le Porc, dans les environs de
Séez : il est difficile dès lors de trouver sur sa route, et aux
alentours du Mans, un Beaumont autre que Beaumont-le-
Vicomte. A défaut d'une confusion de localités possible
d'après le seul document de 1425, il faut donc supposer,
jusqu'à nouvel éclaircissement, ou bien que l'armée de
Falstaff, si importante qu'elle fut, n'avait pu prendre « Beaumont au Maine » en septembre 1424, ou mieux que la place
avait été réoccupée quelque temps après par les Français
comme Montfort-le-Rotrou.

Dans tous les cas, Beaumont-le-Vicomte tombait définitivement au pouvoir de l'ennemi, au plus tard en même
temps que Le Mans, en juillet 1425 (4), et à la fin de l'année
la conquête du Maine pouvait être considérée comme
terminée.

Mais il advint alors aux Anglais ce qui leur arrive de nos

(1) E. Cosneau, *Le Connétable de Richemont*, Paris, Hachette, 1886,
p. 107. M. de Beaucourt, dans sa belle *Histoire de Charles VII*, tome II.
p. 20, mentionne aussi la prise de Beaumont en juillet 1425, mais sans
spécifier de quel Beaumont il s'agit.

(2) L'abbé Robert Charles lui-même n'en fait aucune mention dans son
travail sur *L'invasion anglaise dans le Maine.*

(3) Bibl. Nationale, Fonds français, 4401, f. 88 : « A Colin Ogier, mes-
sager à pié, pour sa paine et salaire d'avoir porté de ladite ville de Caen
à Longny, devers Mgr le Conte de Salisbury, certaines lettres closes dudit
receveur faisant mencion et touchans l'avancement du siège du Mans, par
quittance faite le XIXe jour de juing. »

(4) Peut-être pourrons-nous élucider ce point dans l'étude plus complète, que nous nous réservons de faire un jour, sur la campagne de 1425
et la prise du Mans.

jours dans l'Afrique du Sud. Maîtres des villes, ils ne le furent point pour cela du pays, et ils se heurtèrent à la résistance opiniâtre de tous les gens de cœur, de tous les patriotes. Contrairement à ce qu'on pourrait croire, la lutte continua dans les environs de Beaumont, sur la ligne même de leurs communications avec la Normandie !

Deux lettres de rémission, bien curieuses, nous en apportent des preuves que nous sommes heureux de faire connaître à l'honneur des populations du Maine.

Vers Pâques 1427, nous raconte la première de ces lettres, « les Anglais de la garnison de Beaumont au pais du Maine et aucuns Armignacs, *brigans*, tenans le parti contraire, se rencontrèrent en la dite paroisse de Beaumont ou environ et eurent ensemble grand conflit, tellement qu'un desditz brigans, appelé Chevalier, demoura en la place, navré et blécié, comme presque mort » (1).

Par bonheur pour lui, le brave « brigand » avait la vie dure. Après être resté quelques heures sur le terrain, « il se releva pour soy en aler et retraire ». En chemin il rencontre un habitant de Beaumont ou d'Assé-le-Riboul, nommé Thomas Ogier, « qui amendait une haye ». Comme sa blessure ne lui permet plus de marcher, il le prie de le mener « à l'ostel de son père, à deux ou trois lieues près d'ilec », lui promettant cinq sols tournois de récompense, et le menaçant, en cas de refus, « de lui faire dommage en corps et en biens ».

Soit compassion, soit crainte, Thomas Ogier s'empresse d'accompagner le blessé. Quelques pas plus loin, il aperçoit un autre paysan, nommé Guillaume Guitton, qui laboure sa vigne, et lui dit : « Veez-cy un Armignac qui a été blécié ; il nous menace entre nous de ce païs, si ne nous le faisons mener et conduire cheux son père, à deux lieues de cy ou environ. Je ne scay que nous en facons ».

(1) Archives Nationales. JJ. 173.

Les deux hommes se concertent, et après « avoir advisé ensemble », décident que le valet de Guitton irait quérir le père dudit Chevalier qui amènerait une charette pour emporter son fils. Le valet part aussitôt, pendant qu'Ogier et Guitton demeurent prudemment tapis dans un buisson avec leur blessé. Au milieu de la nuit la charette étant enfin arrivée, ils y placent ledit Chevalier, et « s'en retournent chacun en leur maison ».

Certes, nos paysans n'avaient fait que remplir le plus simple devoir d'humanité. Mais les Anglais, paraît-il, ne l'entendaient pas ainsi, et à leurs yeux, c'était un crime impardonnable que de secourir un brigand Armignac. Thomas Ogier et Guillaume Guitton furent donc bientôt arrêtés et menés prisonniers « ès prisons de Beaumont, où ils furent en voye d'être durement traités ». Comme ils étaient l'un et l'autre « chargiés de femmes et d'enfans, » le roi d'Angleterre daigna toutefois avoir pitié d'eux. Le 7 juin 1427, il leur accorda sa grâce et miséricorde, « sauf qu'ils seraient pugnis civilement, et qu'ils demeureraient un mois prisonniers au pain et à l'eau ».

Cet épisode, qui peint sur le vif la situation du pays, est déjà doublement intéressant. En même temps qu'il nous révèle sous les murs de Beaumont, en pleine occupation anglaise, un combat jusqu'ici complètement ignoré, il nous apprend que les défenseurs de la cause nationale étaient de pauvres paysans, d'humbles « compagnons » qui ne le cédaient point en héroïsme aux chevaliers leurs chefs, et que tous s'unissaient dans un même sentiment de patriotisme pour faire aux envahisseurs, en dépit de leurs succès, une guerre de partisans sans trève ni merci. Il montre de plus tout l'odieux de la tyrannie anglaise, qui n'admettait pas même qu'on portât secours aux mourants !

L'épisode raconté par la seconde de nos lettres de rémission n'est ni moins nouveau, ni moins honorable.

Quelques jours après le combat précédent, avant le 16 mai 1427, les Anglais de la garnison de Beaumont découvrent « dans l'ostel » d'un jeune homme, de la paroisse de Montbizot, nommé Macé Maltréant et âgé de vingt-deux ans, un boisseau de sel non gabelé. Ils empoignent sur le champ le malheureux Macé et le jettent en prison au chastel de Beaumont, « en la basse fosse en fers et en seps », avec plusieurs autres « brigans ».

Le délit n'étant pas grave néanmoins, Macé Maltréant ne tarde pas à être élargi sous caution, et dans la joie de sa délivrance s'en va souper avec le geôlier et les portiers.

Or, pendant le souper, les prisonniers des basses-fosses liment leurs fers et s'échappent. L'un d'eux se contente « de s'en aler » et de prendre la clef des champs. Mais les autres, plus hardis ou plus dévoués, se groupent dans la baille du château et ne tentent rien moins que de prendre d'assaut la forteresse. « Et en ce faisant, dit notre texte, il y eut grand conflict entre ceulx de la garnison et iceulx brigans, auquel conflict deux d'iceulx brigans furent mors et les autres furent mis de rechief en prison ». Macé Maltréant lui-même, accusé de complicité, fut réintégré dans sa basse-fosse pour n'avoir pas révélé le complot au geôlier et condamné à mourir !

C'en était fait de lui, s'il n'avait pu établir qu'il était resté pendant le combat dans la chambre du geôlier, « en très grande frayeur et doubtance, sans donner aux révoltés aucun confort ou aide ». Comme il était d'autre part un simple homme, de bonne vie et honneste conversation, le roi d'Angleterre voulut bien lui reconnaître des circonstances atténuantes et lui accorder encore sa miséricorde (1).

On ne saurait se méprendre sur le caractère de cette affaire. Il ne peut s'agir d'une tentative d'évasion de vulgaires prisonniers, lâches et égoïstes, qui se seraient empressés de recouvrer purement et simplement leur liberté. Il s'agit de

(1) Archives Nationales. JJ. 173.

vaillants brigands Armignacs, ou mieux de héros de l'indépendance, qui avaient conçu la pensée et l'espoir de rendre
Beaumont aux Français comme le tentèrent l'année suivante
les bourgeois du Mans !

De tels faits sont aussi glorieux que des victoires. Ils
mettent éloquemment en relief l'inviolable attachement des
populations de Beaumont à la Patrie française, et on peut
dire qu'ils font pressentir l'époque désormais prochaine où
la Providence récompensera tant de courage et d'efforts en
suscitant l'immortelle Jeanne d'Arc.

Au reste, bien que Jeanne d'Arc ne soit jamais venue dans
le Maine, l'influence de ses prodigieux succès devait s'y faire
sentir très manifestement.

Après la délivrance d'Orléans et la campagne de la Loire
à laquelle ils ont pris une part brillante, Ambroise de Loré
et les capitaines manceaux rentrent en campagne avec une
nouvelle énergie dans la vicomté de Beaumont. Le duc
d'Alençon est venu lui même y rejoindre sa jeune femme et
s'est efforcé d'y amener Jeanne d'Arc (1).

Dès le mois d'août 1429, les Français reprennent Saint-
Cénery, puis Sillé et Beaumont (2). Plus privilégiés que leurs
voisins de Fresnay, demeurés seuls sous le joug ennemi, les
habitants de Beaumont retrouvent ainsi leur indépendance

(1) Parceval de Cagny, *Chronique d'Alençon*, chapitre publié par
Quicherat, *Procès de Jeanne d'Arc*, IV, p. 29. Dans ce chapitre, Parceval
de Cagny nous montre le duc d'Alençon faisant les plus vives instances
près du roi « pour qu'il lui pleust lui bailler la Pucelle. » Celle-ci, « qui
aimait le duc très fort et faisait pour lui ce que elle n'eust fait pour ung
autre, » avait le grand désir de le suivre dans sa vicomté. La Trémoille et
le sire de Gaucourt ne voulurent à aucun prix y consentir. Peut-être, sans
ce refus prémédité, la pauvre Jeanne, entourée dans notre région d'amis
aussi dévoués et aussi vaillants que le duc d'Alençon et Ambroise de Loré,
« son maréchal, » eut-elle échappé au triste sort qui l'attendait.

(2) Longnon, *Les limites de la France au temps de Jeanne d'Arc*, dans
la *Revue des questions historiques*, p. 478. J. Chartier, I, p. 110. Cousinot,
p. 331, etc.

pour quelques années, et au milieu des tragiques alternatives de cette lutte épique, ils vont être bientôt les heureux témoins d'un combat singulièrement cruel pour l'amour propre anglais.

## III

### LE COMBAT DE VIVOIN
#### 1432

Siège de Saint-Cénery-le-Géré par les Anglais. — Ambroise de Loré et Jean de Bueil réunissent une armée de secours à Sablé ; leur marche sur Beaumont. — Cantonnement des Français à Beaumont et à Vivoin. — Surprise des cantonnements par un corps de troupes anglais détaché du siège de Saint-Cénery. — Combat acharné, péripéties et épisodes. — Victoire des Français, ses conséquences et son effet moral.

Saint-Cénery-le-Géré n'est plus aujourd'hui qu'un modeste village des environs d'Alençon, situé au point de jonction des trois départements de l'Orne, de la Sarthe, de la Mayenne, et connu seulement par le charme de ses paysages. A part une vieille église romane, décorée de fresques curieuses et qui s'élève encore au sommet d'un promontoire baigné par la Sarthe, rien n'y révèle plus l'importance du passé ; c'est à peine si les paisibles échos de la vallée sont troublés par le murmure des eaux, courant sur les rochers, ou par les joyeuses exclamations de quelques touristes.

En 1432, il en était tout autrement, et ce même Saint-Cénery passait pour une forteresse de premier ordre, l'une des places les plus célèbres de l'époque, que commandait le héros de la défense dans le Maine, Ambroise de Loré, « maréchal du duc d'Alençon » et futur prévôt de Paris.

Depuis son remparement, au mois d'août 1429, on peut dire que Saint-Cénery était devenu l'objectif principal et constant des Anglais, qui ne pouvaient supporter, entre la Normandie et le Maine, un centre de résistance aussi redoutable. Après une première attaque infructueuse en 1430, ils avaient même résolu de s'en emparer à tout prix.

Dès le mois de novembre 1431, l'un de leurs capitaines les plus en vue, le sire de Willougby, avait reçu le commandement de l'opération, et l'armée assiégeante s'était formée avec le concours ordinaire des détachements de marche des forteresses de Normandie, pendant l'hiver de 1431-1432. Au commencement du printemps, en avril 1432, le siège était commencé et vigoureusement mené.

Sans entrer dans des détails que nous remettons à plus tard, nous pouvons faire apprécier le chiffre relativement élevé des effectifs anglais par ce seul fait que le sire de Willougby avait alors sous ses ordres personnels 400 lances et 1200 archers, soit au moins 3,000 combattants, dont 100 lances fournies par les garnisons normandes (1).

Les défenseurs de Saint-Cénery étaient infiniment moins nombreux, et par une coïncidence dont l'ennemi s'était empressé de profiter, leur capitaine était même absent. Appelé sans doute par une mission importante, Ambroise de Loré avait dû quitter momentanément la place en laissant le commandement à un lieutenant d'une valeur éprouvée, Jean Armenge.

Il n'était pas homme, toutefois, à abandonner ses soldats et à fuir le péril. A peine eut-il appris le siège de Saint-Cénery et la situation critique de la garnison qu'il courut demander du secours au duc d'Alençon et à Charles d'Anjou, en ce moment réunis à Sablé.

Par leurs ordres, Jean de Bueil et de Beauvau concentrèrent aussitôt dans cette ville toutes les troupes disponibles

(1) Bibl. nationale, Fonds français, 26055, nᵒ 1805. Ayant l'intention de donner un jour une monographie spéciale de Saint-Cénery à cette époque, nous lui réservons les nombreux documents qui concernent ce siège et cette armée du comte de Salisbury. Toutefois les dates que nous donnons ici sont établies d'après ces documents, c'est-à-dire sur des preuves certaines, permettant de rectifier les incertitudes des chroniqueurs. V. d'ailleurs *Fresnay-le-Vicomte, de 1417 à 1450*, p. 106.

de la région. Ils y appelèrent notamment Gautier de Brussac, capitaine de Craon, Pierre Le Porc, avec les gens de Lohéac, Guillaume Blosset, dit Le Borgne, les sires de Champagne et de Dureil, les seigneurs de Montjean, du Lude, de Bois-Dauphin, de Vézins, et bon nombre d'autres capitaines qu'énumère Bourdigné (1). Le duc d'Alençon, Charles d'Anjou, et le sire de Lohéac se proposaient en outre de se joindre à l'expédition un peu plus tard, avec de nouveaux renforts.

Avant même l'arrivée de toutes leurs troupes, Loré et de Bueil, « ayant grant voulenté de ayder et secourir les assiégés », se mettent en marche et se dirigent directement sur Beaumont-le-Vicomte. Leurs forces ne dépassent pas 80 lances d'après Bourdigné, 5 à 600 combattants d'après Parceval de Cagny, 800 d'après Jean Chartier et le *Jouvencel*, mais « c'est une troupe d'élite composée de gentilshommes des meilleures lignées du pays (2) ».

(1) Jean de Bourdigné, *Chroniques d'Anjou et du Maine*, édit. de Quatrebarbes, 1842, II, p. 158 : Les seigneurs de Bueil et de Beauvau, voulans obéir à la juste requeste du sire de Loré, assemblèrent des gentilz hommes d'Anjou et des marches voisines. Les capitaines Foulquault et de Sainct Aulbin, les seigneurs de Clarembault, de la Grézille, de Champaigne et de Brochessac, de la Porte de Vezins, de Tigné, du Boys Ragues, de Bois-Daulphin, de Chamyé, de Luygné, de Charnacé, de la Chappelle, de Chivray, d'Avoir, de Bille, de Passay, du Lude, de Lesnay, de Montejehan, du Pin, de la Fresnaye, messires Florent Dilliers, Francoys Baraton, Guy de la Roche, Pierre de Sainct-Aignan, Jehan Danaran, Pierre Le Porc, Loys de Dureil, et plusieurs autres chevaliers et escuyers... »

(2) Le récit suivant de combat de Vivoin est fait principalement d'après Jean Chartier, *Chronique de Charles VII*, I, p. 134, Parceval de Cagny, *Chronique d'Alençon* ; Monstrelet, *Chronique*, V. p. 101, Bourdigné, *Chroniques d'Anjou et du Maine*, II, p. 158, et surtout Jean de Bueil, le *Jouvencel*, et Guillaume Tringant *Commentaire du Jouvencel*, publiés avec une excellente notice historique par MM. Camille Favre et Léon Lecestre (Édit. Société de l'histoire de France, 1887 et 1889, 2 vol. in-8) nous renvoyons à ces sources une fois pour toutes. On peut consulter en outre la *Chronique Martinienne*, Ed. Ant. Vérard, fol. 279, le *Rosier des guerres* ms. fr. 442, fol. 156, l'*Histoire généalogique de la Maison de France*, par le P. Anselme, II, 939, etc.

Un historien récent a revendiqué spécialement pour Jean de Bueil le commandement de l'expédition, s'appuyant sur une citation du *Rosier des Guerres* et sur ce détail qu'Ambroise de Loré n'avait avec lui qu'un seul serviteur, homme d'arme ou archier, nommé Le Silleux (1). Nous pensons pour notre part qu'il faut au moins partager cet honneur avec Ambroise de Loré. Non-seulement Bourdigné dit expressément que les capitaines, « avecque cette noble cohorte, chevauchant à bannière desployée, allèrent eulx rendre au seigneur de Loré », mais Parceval de Cagny et Jean Chartier s'accordent pour affirmer — ce qui est très vraisemblable — que de Bueil avait la charge des gens de Charles d'Anjou et Loré celle des gens du duc d'Alençon qu'ils avaient réciproquement assemblés. Ambroise de Loré, plus âgé d'ailleurs, plus expérimenté et surtout plus intéressé dans l'affaire, ne pouvait être sous les ordres de Jean de Bueil.

Arrivés à Beaumont — à six lieues environ de Saint-Cénery — les capitaines trouvent le donjon, ou mieux suivant leurs propres expressions, la *tour de Beaumont* occupée par Pierre de Brézé avec une garnison de 25 lances « bonnes gens de guerre qui leur font le meilleur accueil possible » et leur donnent les dernières nouvelles du siège (2) ; ils y tiennent un véritable conseil de guerre. « Si fut conclud après plusieurs débas, nous apprend Monstrelet, qu'ils n'estoient point fors ne puissans assés pour combatre yceulx Anglais, entendu le lieu où ilz estoient, mais conclurent d'aler par derrière tirer hors leurs gens qui estoient assiégés ». D'après le *Jouvencel*, Jean de Bueil aurait formulé son opinion dans les termes suivants : « Il y a beaucoup

(1) Camille Favre, *Le Jouvencel*, Introduction, p. xxxix.

(2) Ce Pierre de Brézé, qui commandait alors la tour de Beaumont, n'était autre que le fameux Pierre II de Brézé, sire de la Varenne, qui deviendra plus tard sénéchal de Normandie et comte de Maulévrier : il était cousin de Jean de Bueil.

de manières, aurait-il dit, de lever un siège sans combattre tous ceulx qui sont devant. Et peut l'en beaucoup donner de aide et de secours ou confort à ceulx qui sont assiégés sans de tous points combattre ceulx du siège, sinon à son avantage. Et pour ce, je suis d'oppinion que nous mettons tous peine de secourir noz gens ; et pour rien ne nous les fault abandonner ».

Dicté par le cœur et une expérience militaire réelle, cet avis prévalut sans peine. Il fut donc décidé que le lendemain, à la pointe du jour, les capitaines iraient « frapper sur le siège » en laissant « une grosse embusche derrière eux », pour couvrir la retraite au besoin, pendant que la colonne d'attaque s'efforcerait « de gaigner l'artillerie, d'encloer les bombardes, de retirer les gens malades ou bléciés, et de faciliter une sortie de la garnison » ; qu'en cas d'insuccès et de retraite sur la réserve, on couperait les vivres aux assiégeants en les empêchant de courir les champs, et qu'en attendant on coucherait à Beaumont.

Comme l'armée de secours était trop nombreuse toutefois pour trouver gite toute entière dans la ville, où « le logeis était petit », elle se divisa entre deux cantonnements. De Bueil qui avait refusé l'hospitalité de Pierre de Brezé dans la tour de Beaumont, « par ce qu'il ne chiet pas à un chief de se mettre en seurté et laisser ses gens en danger », cantonna dans la ville avec Gaultier de Brussac et ses Angevins : Ambroise de Loré, avec le sire de Champagne, capitaine de Villaines, et le reste des troupes, s'en alla occuper le bourg de Vivoin situé à une demi-lieue à l'est de Beaumont sur l'autre rive de la Sarthe. Vivoin était alors un beau et gros village, où se trouvait un prieuré bénédictin dépendant de Marmoutiers, qu'un pont reliait, comme aujourd'hui, à la ville de Beaumont. De plus, s'il faut en croire certains chroniqueurs, quelques nouveaux renforts étaient venus des environs rejoindre Loré et de Bueil et porter leurs forces à plus de 1100 combattants.

Le lendemain, dès la première heure, — on était au commencement du mois de mai, — un vacarme effroyable surprend inopinément Jean de Bueil et ses soldats, déjà tout armés et prêts à quitter Beaumont. C'est une centaine de cavaliers anglais, accompagnés de trompettes, qui viennent crier « alarme » sous les murs de la ville et mènent grand bruit devant les cantonnements.

Bueil, par bonheur, ne se laisse pas prendre à cette démonstration tapageuse. Tant de bruit et une troupe si peu nombreuse lui paraissent suspects. Il comprend vite que l'ennemi cherche à « l'amuser », pendant qu'un corps plus important attaque le cantonnement de Vivoin. Bientôt, d'ailleurs, des clameurs confuses se font entendre jusqu'à Beaumont et l'on aperçoit pêle-mêle dans la campagne des fuyards et des blessés.

A cheval ! à cheval ! s'écrie Jean de Bueil qui se précipite au galop vers le pont de Vivoin, suivi de ses hommes et des vingt-cinq lances de Pierre de Brézé, descendus de la tour de Beaumont à toute diligence.

A peine ont-ils dépassé le pont de deux portées d'arbalètes qu'ils découvrent les Anglais achevant de mettre leurs camarades en déroute et liant déjà des prisonniers. Ils font halte un instant. Effrayés de leur témérité, quelques-uns des capitaines français hésitent à poursuivre l'attaque. Bueil insiste. Il fait courageusement remarquer qu'il y a chance de surprendre à leur tour les ennemis « empeschés de leur proie, tellement qu'ilz ne se pourroient mettre en ordonnance de combattre ». Pierre de Brézé l'appuie, et aux ordres qu'il donne de frapper à la gorge et de ne pas s'attarder à faire des prisonniers ou à prendre des chevaux, il ajoute celui de se jeter tout d'abord sur les enseignes, « car les Anglais, quant leurs enseignes sont ruées et portées par terre, sont tous esbays et ne se ralient plus ».

Au même instant, une avant-garde de dix à douze archers anglais, déjà sortis de Vivoin, vient se heurter à la tête de colonne française. Les hommes de Bueil s'engagent sans commandement, à la voix d'un brave écuyer nommé Poulain, et les repoussent jusqu'à l'entrée du village.

Dès lors, il n'y a plus à « marchander ». Bueil et toute sa troupe « couchent leurs lances » et s'élancent dans Vivoin au galop de leurs chevaux. Ils ne sont pas alors plus de 80 à 100 hommes d'armes et 100 à 120 archers, mais les retardataires arrivent derrière eux à la file.

Il était temps. Déjà Ambroise de Loré, grièvement blessé, était pris et tout son détachement dispersé. L'attaque des Anglais du côté de Vivoin avait été si vigoureuse que, malgré son héroïsme habituel, l'illustre capitaine n'avait pu soutenir le choc (1),

A la nouvelle de l'approche d'une armée de secours, en effet, le sire de Willougby, en habile général, s'était résolu à prendre brusquement l'offensive. Il avait détaché de Saint-Cénery un corps de 1000 à 1200 hommes sous le commandement du bâtard de Salisbury et de « Mathieu Goth, capitaine du Mans » (2), et l'avait lancé à la rencontre de l'ennemi pour couvrir le siège par une sorte de contre attaque. Les Anglais avaient chevauché toute la nuit ; puis, ayant appris par leurs espions, avant d'arriver à Beaumont (3), la division des troupes françaises en deux can-

(1) Tout en rapportant lui aussi la blessure d'Ambroise de Loré, Jean Chartier le fait cantonner à Beaumont et n'arriver à Vivoin qu'avec de Bueil et son détachement. Nous suivons de préférence ici la version du *Jouvencel* qui nous paraît plus exacte.

(2) Mathieu Goth ou mieux Mathieu Gough, est resté dans le Maine, sous le surnom populaire de *Matago*, l'un des plus célèbres capitaines anglais de la guerre de Cent Ans. Il commanda successivement à Château-l'Hermitage (1426), au Mans (1436), à Sainte-Suzanne (1440), à Bayeux, où il capitula en 1450, après avoir pris part aux négociations pour l'évacuation du Maine de 1447 à 1449. Retiré en Angleterre il sera tué en juillet 1450, dans un faubourg de Londres, pendant une insurrection. Il était originaire du pays de Galles.

(3) C'est à Monstrelet, V. p. 101, que nous devons ce curieux détail d'espions envoyés à deux reprises différentes à Beaumont, « jusque dans le logis des Français ».

tonnements, ils s'étaient séparés eux-mêmes en deux groupes
de force inégale : l'un, peu nombreux, était resté sur la rive
droite de la Sarthe et était venu faire devant Beaumont la
fausse démonstration que la perspicacité de Jean de Bueil avait
rendue inutile : l'autre, beaucoup plus fort, avait passé la
rivière et s'était jeté à l'improviste sur le cantonnement de
Vivoin, qui n'était point protégé comme celui de Beaumont
par une enceinte fortifiée.

Au moment ou Jean de Bueil et ses hommes d'armes
tombent sur eux au grand galop, les soldats de Salisbury, se
croyant victorieux, ne songent plus qu'au butin. « L'ung
tient un prisonnier par la main, l'autre un cheval en leisse ;
les autres ont trois arcs au poing ou trois espées et deux
lances sur le col de leurs chevaux ; tel a deux sallades, l'une
en sa teste, l'autre à l'arçon de sa selle. Chascun est chargé
et empesché ». Comme l'a prévu de Bueil, « auraient-ils
cent cappitaines, ils ne les sauraient mettre en bataille (1) ».
La charge furieuse des Français les jette donc dans un grand
désarroi.

Cependant, grâce au sang froid particulier à leur race, ils
se rallient tant bien que mal, et moitié à cheval, moitié
à pied, font bravement tête à l'ennemi. Un combat acharné
s'engage dans Vivoin. Tour à tour les enseignes anglaises
et le guidon de Monseigneur du Maine, qu'escortent messire
Auvergnas Chapperon et Macé Tiercelin, seigneur de la
Vaissière (2), sont abattus : ce dernier, il est vrai, est

(1) *Jouvencel*, p. 145.

(2) Auvergnas Chapperon appartenait probablement à la même famille
que Pierre Chapperon, « capitaine du Mans » en 1419, cité dans les curieux
*Comptes de fabrique* de Chaufour (V. la *Semaine du Fidèle* du diocèse
du Mans, XIX, p. 298). On connait aussi, en 1375, un « Jean Chapperon,
écuyer d'écurie du duc d'Anjou et capitaine de son château de Diexaye »
cité dans *Les La Trémouille pendant cinq siècles*, I. p. 258. Macé
Tiercelin, lui, appartenait à une famille originaire du Poitou, qui, au
XVIe siècle, émigrera en Berry. M. Favre donne sur lui de nombreux
détails dans son introduction au *Jouvencel*.

aussitôt relevé et baillé à Guillaume de Courcillon qui le
porte bien et vaillamment (1). Tour à tour tombent morts
le capitaine anglais Jean Arthus et un brave chevalier français nommé Jean du Bellay. Mathieu Goth, lui-même, le
fameux « Matago » des légendes populaires, se bat corps à
corps avec un écuyer de Jean de Bueil, nommé Jean de
Vaulue : tous deux « se navrent réciproquement », mais
Jean de Bueil accourt au secours de son écuyer et Mathieu
Goth est obligé de se rendre (2). Pierre de Brézé, de son
côté, à la tête de la garnison de Beaumont, se distingue de
la façon la plus brillante (3). De toutes parts se font de
« grandes vaillances » et « moult proesces ».

En fin de compte, les Français, faits prisonniers au commencement de la journée ayant repris leur liberté, arrivent
a la rescousse, les Anglais sont mis en déconfiture et pour-
suivis plus de deux lieues au delà de Vivoin (4). Salisbury
lui-même est contraint de prendre la fuite et ne s'échappe
que difficilement.

La victoire est complète. Les Anglais ont cinq à six cents

(1) Guillaume de Courcillon, de la famille Dangeau dans le Perche,
seigneur de Montléant et de Tillay, conseiller et chambellan du Dauphin
en 1444, et plus tard du roi Louis XI.

(2) Guillaume Tringant, dans son *Commentaire*, après avoir raconté
cet épisode, nous apprend qu'il donna lieu à un curieux débat, singulièrement courtois, entre Jean de Bueil et son écuyer. En voyant arriver Bueil
à la rescousse, « Matago dist audit de la Vaulue : « Je ne pouroys contre
deux ; je me rens à vous ». A donc Jehan de la Vaulue lui dist : « C'est
mon maistre, vous vous rendrez a lui. » Et le sire de Bueil respondit :
« Jehan, à Dieu ne plaise, puisque vous l'avez conquis, que j'en preigne
la foy ! » Et, sur ce Jehan de la Vaulue print la foy. » *Jouvencel*, II, 387.
M. Favre fait remarquer avec raison dans son introduction que tous les
capitaines de l'époque n'eussent pas été aussi scrupuleux, et que l'épisode
montre que de Bueil avait des principes forts stricts en matière de juris-
prudence militaire. Plus tard, en 1435, Mathieu Goth voudra prendre sa
revanche et provoquera à un nouveau combat Loré et de Bueil, dans les
environs de Paris. Il ne sera pas plus heureux, hélas, qu'à Vivoin, et sera
pris une seconde fois !

(3) Tringant, *Commentaire*, dans le *Jouvencel*, II, p. 286.

(4) J. Chartier. I, 139.

tués ou blessés et quatre à cinq cents prisonniers : leurs pertes sont d'autant plus élevées que le bruit de la mort d'Ambroise de Loré s'étant répandu pendant l'action, ses soldats exaspérés n'ont plus fait de quartier et ont massacré plusieurs prisonniers (1). Les Français, eux, n'ont que vingt-cinq à trente morts, vingt à vingt-cinq blessés (2) et une vingtaine de prisonniers enlevés avant leur retour offensif. « Très joieux de leur victoire », ils reviennent en triomphe « logier à Beaumont », tandis que les débris de l'expédition anglaise regagnent péniblement Saint-Cénery. Le lendemain, le sire de Willougby, découragé par ce désastre et découvert en arrière, lève précipitamment le siège de la place en abandonnant toute son artillerie (3).

Le combat de Vivoin, dont les conséquences étaient si heureuses et si décisives, fit grand bruit à l'époque. La plupart des chroniques du temps, telles que celles de Parceval de Cagny (4), de Jean Chartier, de Monstrelet, la

(1) « Et fut prins prisonnier icellui sire de Loré ledit jour et très fort navré, dont il en fut grand bruit dans la compagnie des Français, car on disait qu'il était mort. Pourquoi fut tué par lesdits Français grant nombre d'Anglais qui jà estoient prins prisonniers. » J. Chartier, I, p. 140.

(2) Au nombre de ces blessés transportés à Beaumont, J. Chartier cite Ambroise de Loré, son cousin Jehan de Loré, Guillaume de Plassac, Noël de Ramolart, etc. *Ibid.* p. 141.

(3) L'armée française de secours n'eut pas même à poursuivre son mouvement sur Saint-Cénery et revint directement de Beaumont à Sablé.

(4) La *Chronique* de Parceval de Cagny consacre un chapitre entier au combat de Vivoin : « *La destrousse de Vivoin.* En l'an MCCCCXXXII, messire Ambrois de Loré, maréchal du duc d'Alençon et capitaine de Saint-Scelerin, avait assemblé toutes les garnisons des places appartenantes audit seigneur, et le sire de Bueil ceulx des places obéissantes à messire Charles d'Anjou, qui se trouvèrent environ de V à VIᶜ combatans. Eulx logiés à Beaumont-le-Vicomte et au prieuré de Vivoin près d'illec, pour aller férir sur le siège que les sires de Vilby et d'Escales, et grand nombre d'Englois et de renduz tenaient devant lad. place de Saint-Cénery, environ le point du jour ; ce jour mesmes le bastard de Salseberi, accompaigné de mil ou XIIᶜ combatans, scaichant la compaignie, fut envoyé dudit siège pour férir sur un des logis de nos gens etc.

*Chronique du Mont-Saint-Michel* (1), la *Chronique Marti-nienne*, le *Rosier des Guerres*, en parlent comme d'un beau et réconfortant succès. Jean de Bueil, dans son *Jouvencel*, et Guillaume Tringant dans son *Commentaire*, lui consacrent un long passage, du plus vif intérêt. Bien mieux, la nouvelle en fut transmise sur le champ au roi lui-même par Ambroise de Loré et se répandit rapidement dans diverses parties de la France, bien au-delà des frontières du Maine, comme le prouve le très curieux document suivant, relevé dans les Registres municipaux de la ville de Beauvais :

« Le samedi xxiiie jour de may [1432 n. s.]. Estans en assemblée générale faicte à la hale, Rosier, poursuivant, apporta lettres aux gens d'église, maire et habitans de Beauvais, de par messire Théolde [de Valpergue], contenant que messire Ambrose de Loré, chevalier, a escript devers le Roy que il et ceulx de sa compaignie ont desconfis les Englès estant devant Saint Celerin, et y en a de mors environ cinq cens et de prisonniers de quatre à cinq cens, et si contiennent lesdites lettres dudit messire Théolde que ilz sont devant le siège de Laigny et briefs orront bonnes nouvelles » (2).

Ce texte, qui s'applique incontestablement par sa date et ses détails au combat de Vivoin, montre toute l'importance que les contemporains y attachèrent, et nous autorise à dire que ce combat est la plus belle page de l'histoire militaire de Beaumont.

(1) *Chronique du Mont-Saint-Michel*, édit. Siméon Luce, 1879, I, p. 33.

(2) Archives municipales de Beauvais. *Registre BB. 3,* fol. 25 v°. Communication de M. Henri Stein, que nous prions de recevoir tous nos remerciements. Théolde de Valpergue était un personnage assez considérable de l'époque, capitaine de Beauvais, chargé de diverses missions militaires. Son nom revient à chaque instant dans le même registre.

# IV

## L'OCCUPATION ET LA DÉLIVRANCE

### 1433 - 1450

Beaumont après le combat de Vivoin : ingénieux système des Anglais
pour remplir leurs coffres. — Prise de Beaumont par le comte
d'Arundel, 1434. — L'occupation anglaise. — Expédition du comte de
Somerset et siège de 1443. — La délivrance, 1449. — Traits de mœurs
et épisodes : l'odyssée d'un cordonnier ; une histoire de sorcière ; un
drame de famille. — Passage de Charles VII à Vivoin, 1450.

Le combat de Vivoin n'eût pas seulement pour résultat de
provoquer la levée immédiate du siège de Saint-Cénery : il
mit momentanément à l'abri d'une nouvelle attaque toutes
les villes de la région occupées par les Français, Beaumont-
le-Vicomte entre autres.

Pierre de Brézé, appelé à de hautes destinées, ne resta
sans doute que peu de temps renfermé dans la *tour de
Beaumont* avec son modeste détachement de vingt-cinq
lances, mais il passa le commandement de la place à un
capitaine connu, lui aussi, dans l'histoire de son temps,
Guy du Coing.

Guy du Coing, capitaine de Beaumont en 1433, avait eu
un début peu heureux. Parti de Sablé en 1428, pour courir
le pays avec une centaine de chevaux, il avait rencontré à
une lieue du Mans l'anglais Guillaume Oldhall accompagné
seulement de seize à vingt hommes. Il l'avait attaqué trop
légèrement, sans prendre la peine de manœuvrer, si bien
qu'en dépit de la supériorité de ses forces, il l'avait laissé
échapper en perdant lui-même quelques prisonniers (1).

(1) C'est dans ce combat, que nous avons raconté en détail dans
*Fresnay-le-Vicomte*, p. 100, que Guillaume Oldhall se tira d'affaire en
exécutant le mouvement prescrit aujourd'hui encore par nos règlements

Plus tard, Guy du Coing prendra une revanche éclatante ; en 1441, avec d'autres seigneurs angevins et manceaux, il surprendra dans le bourg de Saint-Denis-d'Anjou une bande anglaise et la taillera en pièces. Nous le verrons aussi jouer un rôle en 1438 comme négociateur « des appointemens pour l'Anjou et le Maine » (1).

Pendant la durée du commandement de Guy du Coing à Beaumont, et malgré le succès de Vivoin, la situation de la place demeure assez difficile, car Alençon, Fresnay et Le Mans étant restées aux mains des envahisseurs, ses communications directes, au nord et au sud, se trouvent pour ainsi dire interceptées. On ne peut y arriver ni en sortir, dans ces deux directions, sans la permission des Anglais. Ceux-ci, d'ailleurs, ont prévu le cas ; avec leur sens éminemment pratique, ils ont même su concilier les besoins journaliers des populations et leurs propres intérêts. Leur receveur au Mans ne fait point de difficultés pour délivrer, moyennant finance, des sauf-conduits à tous ceux que les circonstances appellent à Beaumont, ou obligent à s'en éloigner. Pour une nation qui considère avant tout la guerre comme une affaire, c'est une vulgaire question d'argent, une occasion de battre monnaie.

militaires, en cas d'attaque par la cavalerie d'une troupe d'infanterie en marche. — V. aussi, Jean Chartier I, 22, et Cousinot, *Chronique de la Pucelle*, 242.

(1) Sur Guy du Coing, Cf. : Bourdigné, *Chroniques* II, 190 ; l'abbé Ledru, *Le château de Sourches*, Le Mans, 1887, p. 102 ; André Joubert, *Histoire de Saint-Denis-d'Anjou ; les Seigneurs angevins et manceaux à la bataille de Saint-Denis-d'Anjou ; Documents inédits pour servir à l'histoire de la guerre de Cent Ans dans le Maine de 1424 à 1452*, (extraits de la *Revue historique et archéologique du Maine*, 1882 et 1889) etc. D'après M. A. Joubert, Guy du Coing devait appartenir à la famille bretonne des du Coing, seigneurs du lieu, situé dans la paroisse de Saint-Fiacre, près de Nantes, et dont la branche aînée s'est fondue en 1561 dans celle des Pantin d'Anjou. Au XVe siècle, Robert du Coing et un autre Guyon du Coing, seigneurs de Villaines, sont établis dans le Maine et rendent aveu au fief de Combres, à Montbizot, Arch. de la Sarthe E. 59 et 99. D'autre part, Pesche dans son *Dictionnaire*, IV, p. 760, signale près de Sablé un fief de *Coins* ou de *Coings*, avec une chapelle et un moulin sur la Sarthe.

Le capitaine de Beaumont, tout le premier, profite de temps à autre de l'avidité de ses adversaires pour prendre l'air sans danger. A trois reprises différentes, en octobre et décembre 1433, il obtient ainsi pour lui et une suite de trois ou quatre personnes, des sauf-conduits ou mieux de véritables passeports, valables durant trois semaines, qui lui permettent de se rendre dans les forteresses françaises de la région et même en Bretagne. sans avoir à craindre de mauvaise rencontre. Il paie chacun de ces sauf-conduits deux saluts d'or, soit environ 56 sols 8 deniers, monnaie de France. En épouse docile, sa femme, Jeanne de la Motte, suit son exemple. Le 9 novembre 1433, elle se fait délivrer un sauf-conduit de trois mois, pour elle, un compagnon de route nommé Turgis de Launay, son fils, deux hommes, deux femmes et un page. Eu égard, il est vrai, à la qualité de la voyageuse et à la durée du voyage, messieurs les Anglais élèvent leurs prix et se font payer double, quatre saluts d'or (1).

Grâce à cet ingénieux système, les habitants de Beaumont reçoivent, de leur côté, quelques visites qui charment leurs loisirs et adoucissent leur isolement. Tantôt ce sont des seigneurs des environs, comme Olivier de la Rivière, Robert et Étienne d'Aligné, Gieffroy, bastard de Beaumanoir ; des soldats, comme Aimery d'Anthenaise, capitaine de Sillé, Guillaume de Boessay, capitaine de Mayet, messire Hue Le Gros, chevalier, Giles de Ségrie « nagaires prisonnier à Mayenne la Juhez », et même d'infortunés hommes d'armes, encore en quête de leur rançon, comme Gieffroy de la Fosse, « prisonnier au Mans ; » tantôt ce sont d'humbles inconnus, marchands et négociants, obligés par leurs affaires de subir les exigences de l'ennemi ; tantôt enfin de nobles dames, telles que Jehanne de Sainte-James, veuve de feu Colin de

(1) Archives nationales, KK. 324. *Compte des revenus du scel du régent, duc de Bedford, en Anjou (1433-1434)*.

Saint-Bomer, et Catherine de Marcillé, femme « de Sire Ambrois de Loré, chevalier (1) ». Tous sont accompagnés de suites plus ou moins nombreuses d'hommes, de femmes et de pages, et ont payé leur sauf-conduit de un à sept saluts.

La plus illustre des visiteuses que la ville de Beaumont ait ainsi l'honneur de recevoir, Catherine de Marcillé, femme d'Ambroise de Loré, s'est mise en route le 10 décembre 1433, accompagnée d'un serviteur nommé Jehan Le Cordon, de quatre hommes, quatre femmes et deux pages. Elle a payé 6 saluts un sauf-conduit de trois mois, qui lui permet de se rendre à La Ferté-Bernard, Chateaugontier, Sablé, Sillé, Beaumont et Saint-Cénery, où commande alors son mari. Il n'est pas téméraire de supposer qu'un an après le combat de Vivoin, elle dut trouver un accueil particulièrement enthousiaste dans cette ville de Beaumont sous les murs de laquelle le capitaine de Saint-Cénery s'était si bravement battu et était tombé grièvement blessé.

Il n'est pas davantage téméraire de présumer que ces visites devaient être de véritables événements pour une population patriote, avide de nouvelles et anxieuse sans aucun doute de savoir ce qui se passait dans le reste de la France.

Les Anglais, cependant, ne pouvaient se contenter longtemps de garnir leurs coffres avec les maigres produits de la vente de leurs sauf-conduits. Ils avaient à venger leur honneur militaire dans cette partie du Maine, et surtout à briser la résistance désespérée des quelques forteresses qui retardaient la conquête définitive de la province et entravaient si mal à propos leurs communications entre Le Mans et la Normandie.

A la fin de l'année 1433, ils rentrent donc en campagne avec une armée formidable cette fois, que commande le

(1) Archives nationales, KK. 324.

comte d'Arundel, « lieutenant-général de Henri VI sur le fait de la guerre entre la Seine, la Loire et la mer. » Après avoir enlevé Bonsmoulins dès le mois de septembre, ils arrivent le 26 décembre devant Saint-Cénery. La place résiste héroïquement pendant un mois, mais elle finit par succomber entre le 20 et le 26 janvier 1434. Sillé-le-Guillaume, à son tour, est assiégé avant le 3 février, et Beaumont-le-Vicomte quelques jours après.

Nous ne saurions, jusqu'ici, préciser le jour exact de la prise de la ville par le comte d'Arundel en 1434, mais elle eut lieu entre le 25 février et le 25 mars au plus tard. Les détails donnés par Guillaume Gruel font même présumer que Beaumont avait été réoccupé par les Anglais avant la journée dite de Sillé-le-Guillaume, antérieure dans tous les cas au 12 mars 1434.

A cette date, les Français ne possédaient plus, dit Gruel, qu'une seule place dans la région, celle de Sablé, et l'armée amenée par le connétable de Richemond au secours de Sillé ne fit aucune tentative pour dégager Beaumont, ce qu'elle n'eut sans doute pas manqué de faire si la place avait encore tenu (1).

(1) Malgré les nombreux et excellents travaux publiés depuis quelques années, les dates de la campagne du comte d'Arundel dans le Maine en 1434 ne semblent pas encore nettement déterminées (V. le *Jouvencel*, I, Introduction). Des documents sûrs nous permettent de les établir de la manière suivante, en ce qui concerne Saint-Cénery, Sillé-le-Guillaume et Beaumont : Du 26 décembre 1433 au 26 janvier 1434, siège de Saint-Cénery, Bibl. nationale, *Quittances* et *Montres*. — Avant le 3 février 1434, Arrivée du comte d'Arundel devant Sillé et « journée prinse a l'encontre des Français », c'est-à-dire rendez-vous assigné aux troupes de secours. Arch. nationales, KK. 324, fol. 215. — Du 3 février au 12 mars 1434, « journée dite de Sillé-le-Guillaume ». Le 12 mars, en effet, le comte d'Arundel, déjà de retour au Mans, reçoit définitivement à obéissance les habitants de Sillé que l'armée de secours n'a pu délivrer. Archives nationales, JJ. 175. — D'autre part, le 25 février, un sauf-conduit est encore délivré par le receveur anglais du Mans à Laurens Rigault pour aller *hors cette obéissance, à Beaumont*, tandis qu'à partir du 25 mars Guy du Coing cessé d'être qualifié comme précédemment capitaine de Beaumont. Arch. nationales, KK. 324.

Dès lors, Beaumont-le-Vicomte redevient ville anglaise et le restera plus longtemps que précédemment. Toutefois, à la différence de Saint-Cénery et de Sillé, ses fortifications ne sont pas démantelées, soit que l'ennemi les juge moins redoutables, soit plutôt que la position lui paraisse nécessaire à conserver pour la protection de ses lignes de communication. A la fin de 1434, il entretient dans le château à titre permanent un détachement d'une lance à cheval, deux lances à pied et trente archers, soit environ 50 à 60 hommes (1).

Pendant les années d'occupation que Beaumont doit désormais subir, son histoire est de tous points analogue à celle de Fresnay, que nous exposions jadis. Solidement retranchée dans la tour de Beaumont, la garnison anglaise s'en élance fréquemment, comme un fauve de son repaire, pour courir le pays et le piller en conscience. Avec l'audace et la témérité des gens de guerre de ce temps, elle pousse si loin ses expéditions, que, dès le 10 avril 1434, la paroisse d'Avoise, située sur le cours inférieur de la Sarthe, près de Sablé, en est réduite à payer un salut « une seureté d'un mois » pour se mettre à l'abri de ses exactions. Au mois de juillet suivant, les habitants de Vion eux-mêmes, plus éloignés encore vers les frontières de l'Anjou, croient prudent de se garantir contre les Anglais de Beaumont, aussi bien que contre ceux de Sainte-Suzanne et de Mayenne, ce qui leur coûte un angelot (2).

A plus forte raison, les paroisses voisines sont mises en coupes réglées, et ne peuvent éviter une dévastation complète qu'en payant force *appatis*, *seuretés* et *congiés*. Le 9 juillet 1434 les habitants de Vivoin achètent quarante sols tournois un *congié* de trois mois : le 7 août les paroissiens de Juillé s'en procurent un autre d'égale durée pour le même prix. De modestes veuves s'estiment heureuses de vivre en

(1) J. Stevenson. *Letters and papers illustrative of the wars of the English in France,* London, 1864, II, p. [552].
(2) Archives nationales, KK. 324.

paix moyennant des sauvegardes qui leur coûtent dix sols tournois par an. C'est, en un mot, dans son plein épanouissement, le régime de fiscalité ruineuse si bien décrit par M. Siméon Luce et signalé à diverses reprises déjà dans plusieurs régions du Maine (1).

Sous ce régime, beaucoup d'habitants dépouillés de toutes ressources, menacés chaque jour d'être volés ou battus, prennent le parti d'émigrer, comme nous le verrons plus loin par la curieuse odyssée d'un cordonnier réfugié à Beaumont, et les campagnes se dépeuplent. Le prieuré de Vivoin lui-même, jadis très florissant, est à moitié ruiné, et le nombre de ses moines réduit de dix à quatre (2). En quelques années, le mal devient si grand et la situation du pays si désastreuse, qu'Anglais et Français sont enfin obligés de s'en préoccuper.

Le 20 décembre 1438, une sorte de traité, ou mieux un « appointement », est conclu entre le comte de Dorset « cappitaine général et gouverneur des païs d'Anjou et du Maine » au nom du roi d'Angleterre, Charles d'Anjou, comte du Maine, et Jean, duc d'Alençon, « pour le bien, utillité et repopulement du povre peuple (3) ». L'ancien capitaine de Beaumont, Guy du Coing, est, du côté français, l'un des négociateurs de ce traité dont les termes révèlent dans toute leur acuité les souffrances des populations. Nous n'en retiendrons ici qu'un détail caractéristique : désormais, les paroisses en retard pour le paiement de leur appatis ne pourront être « courues », c'est-à-dire pillées, qu'une fois par trimestre ! Si incomplet qu'il soit, l'appointement du

(1) Siméon Luce. *Le Maine sous la domination anglaise en 1433 et 1434*, Paris et Le Mans, 1878, in-8 ; l'abbé Robert Charles, *L'invasion anglaise dans le Maine de 1417 à 1428*, etc.

(2) Denifle. *La désolation des églises, monastères et hôpitaux en France pendant la guerre de Cent Ans,* Paris, in-8, 1899, tome I, 112.

(3) André Joubert. *Documents inédits pour servir à l'histoire de la guerre de Cent Ans dans le Maine,* Mamers, 1889, in-8, p. 31.

20 décembre 1438 n'en apporte pas moins un léger soulagement aux habitants du Maine, et c'est un honneur pour Guy du Coing d'y avoir apposé sa signature.

La lutte, cependant, continue toujours au cœur du pays occupé, soutenue avec une héroïque opiniâtreté par les capitaines français et d'intrépides partisans, ouvriers ou paysans, qui quittent leur travail « par plusieurs et diverses fois pour courir sus contre les ennemis et adversaires ». Vers 1440, un coup de main, demeuré jusqu'ici inexpliqué, a chassé les Anglais de Beaumont-le-Vicomte, dont la garde semble alors confiée, comme celle de La Ferté-Bernard, à des capitaines gascons, sous le commandement supérieur de Poton de Xaintrailles (1).

Mais dès 1443, le comte de Somerset, depuis peu débarqué en Normandie, et qui vient de pousser une pointe rapide jusqu'en Anjou, sans oser entreprendre le siège de Pouancé ni celui d'Angers, se rabat brusquement vers le Maine dans l'espoir de compenser au moins l'insuccès de son expédition en reprenant Beaumont. Arrivé devant la place au milieu du mois de décembre, il « la met à composition à rendre ou à combattre à certaine journée ». Comme il redoute, paraît-il, l'intervention d'une armée française de secours, il mobilise tous les gens de guerre des vicomtés de Caen et Vire « estant et vivans sur le païs, qui ne sont pas en leurs garnisons, même les nobles », et leur prescrit de se concentrer sur-le-champ à Caen, pour venir le rejoindre devant Beaumont sous la conduite de Richard Harington, bailli de Caen. De plus, il appelle à lui les détachements de marche des garnisons voisines, entre autres un détachement de la garnison de Fresnay (2).

<hr>

(1) *Chroniques de Mathieu d'Escouchy*, Édit. de Beaucourt, tome III, *Pièces justificatives* p. 4 : Juin 1440, « *Mémoires des plaintes et demandes faites au Conseil du Roi estant à Montferrant, pour les ducs d'Alençon et de Bourbon, tant pour eulx que pour M⁹ʳ le Daulphin, et demandes et responces du Roy et de M⁹ʳ le Daulphin* ».

(2) Archives nationales, K. 67, nᵒˢ 21 / 9 et 10. J. Stevenson, *Letters*

Les Français, malheureusement, ne parurent pas, et Somerset après quelques jours de siège vint sans peine à bout de la place, réduite à ses seules forces. Ce fut, il est vrai, l'unique profit que l'Angleterre retira d'une expédition organisée à grands frais ; ce profit sembla si maigre « que la nation entière en fut mécontente et découragée (1) ».

L'heure de la délivrance du Maine approchait, d'ailleurs, et les défenseurs inconnus de Beaumont, en décembre 1443, avaient eu, pour ainsi dire, l'honneur de faire retentir aux oreilles anglaises le premier glas de la débâcle.

L'année suivante, 1444, à l'occasion du mariage de Marguerite d'Anjou avec Henri VI, le roi de France obtient la promesse de la restitution prochaine de la ville du Mans et des autres places du Maine. Tout en évitant de tenir sa parole dans les délais convenus, le gouvernement anglais ne peut renier le principe, et, malgré des lenteurs calculées, se voit contraint, en 1447, de reprendre de sérieuses négociations.

Au nombre de ses représentants aux conférences du Mans, se trouve avec Mathieu Goth, Osbern Mundeford, alors capitaine de Beaumont-le-Vicomte et du Mans. Après avoir débuté, en 1433, comme simple maréchal de la garnison de Fresnay, chef de détachement, Osbern Mundeford est devenu rapidement un haut personnage, mais il se distingue entre tous par son opiniâtreté et sa mauvaise foi. Il recourt à de multiples subterfuges pour retarder l'évacuation du Maine et éluder les ordres du roi d'Angleterre lui-même. Bien mieux, le 14 février 1448, à la tête de la garnison anglaise du Mans, il menace d'un véritable guet-apens les ambassadeurs de Charles VII, et contribue à pousser à bout la patience de ce dernier. Il faut qu'au mois de mars, une armée française

---

*and papers*, II, 347. *Portef. Fontanieu*, 119 et 120. *Fresnay-le-Vicomte*, p. 112. Monstrelet, *Chronique*, VI, p. 67.

(1) E. Cosneau, *Le Connétable de Richemont*, p. 344.

.commandée par Dunois vienne bloquer la ville du Mans
pour décider enfin les Anglais à la remettre à la France (1).

Pendant quelque temps encore, l'entêté Mundeford trouve
moyen de garder Beaumont-le-Vicomte, qu'il rend enfin
avant le mois de juin 1449 (2). En désespoir de cause il se
réfugie dans Fresnay, dont il est nommé capitaine. Dès lors,
la fortune le trahit. Au mois d'août, il se fait prendre dans
Pont-Audemer et ne recouvre sa liberté qu'en mars 1450,
en échange de la reddition de Fresnay (3). Compromis plus
tard dans la guerre des Deux-Roses, Osbern Mundeford sera
décapité à Calais, le 25 juin 1459, par ordre du comte de
Warwick, mésaventure tragique qui terminera dignement la
carrière du dernier capitaine anglais de Beaumont-le-
Vicomte.

La ville de Beaumont eut ainsi le privilège d'être délivrée
du joug anglais neuf mois environ avant Fresnay. Plus
heureuse que Fresnay aussi, elle l'avait subi d'une manière
moins continue, et à plusieurs reprises, de 1420 à 1450, elle
avait eu la joie patriotique de voir reparaître au sommet de
son vieux donjon la bannière fleurdelysée de France. Cette
différence, surprenante au premier abord, entre deux
forteresses de la même vicomté, si rapprochées l'une de
l'autre, s'explique, croyons-nous, par ce fait que la place de
Beaumont était moins forte que celle de Fresnay et que les
Anglais s'y étaient installés moins solidement, sans la
rattacher à l'administration de la Normandie.

Dès que son autorité eût été rétablie dans la région, le roi
de France tint à honneur de reconnaître par des faveurs
bien méritées le dévouement des populations à la cause

_______________

(1) V. de Beaucourt, *Histoire de Charles VII*, Paris, 1888, IV, p. 284 :
*L'occupation du Mans*.

(2) De Beaucourt, *Ibidem*, tome V, p. 5, et *Chroniques de Mathieu
d'Escouchy*, tome III, *Pièces justificatives* p. 366-370, *Lettre de Guillaume
Fortin, vicomte d'Alençon*, en date du 19 juin 1449.

(3) *Fresnay-le-Vicomte*, p. 62 et 63.

nationale. Il n'hésita pas, entre autres, à accorder généreusement des lettres de rémission à quelques malheureux dont les méfaits trouvaient dans les troubles mêmes de l'époque, si non leur excuse complète, au moins des circonstances bien atténuantes.

Trois de ces rémissions sont relatives à des habitants des environs de Beaumont. Comme toujours, elles sont précieuses pour l'étude des mœurs et de la situation du pays. Les épisodes qu'elles nous racontent, avec une pittoresque naïveté, formeront la conclusion naturelle de ce chapitre, en le complétant par quelques traits curieux.

Le premier de ces épisodes peut s'intituler l'odyssée d'un cordonnier.

Vers 1438, Gervais de Laquenaye, cordonnier à Mont-Saint-Jean, près Sillé-le-Guillaume, s'était vu forcé, « par la fortune de guerre », d'abandonner son village natal où il possédait « de beaux et bons héritaiges », et d'émigrer avec sa femme à dix lieues de là, au lieu de « Paressay » (1). Il y était resté environ six mois, « pendant lequel temps il était alé par diverses fois, avec autres, courir sus et contre les ennemis et adversaires les Anglais qui tenaient et occupaient plusieurs places audit pays ». Moins patriote, semble-t-il, sa femme avait mal pris ces expéditions ; elle s'était ennuyée et était retournée à Mont-Saint-Jean. Gervais de Laquenaye, ainsi délaissé, était venu demeurer « au chastel de Beaumont-le-Vicomte ». Il y avait aussitôt rappelé la fugitive, mais après un séjour de quelques semaines, celle-ci s'était ennuyée de nouveau ; elle était repartie pour Mont-Saint-Jean, et le mari, découragé, « avait prins une chambrière pour le servir ».

Déjà malheureux dans son ménage, notre cordonnier ne devait pas jouir d'une longue tranquillité. La nouvelle s'étant répandue « que les Anglais vont mettre le siège

(1) Sans doute Parcé, commune du canton de Sablé.

devant Beaumont », la peur le prend ; il émigre une seconde
fois et va se réfugier en Poitou, à Thouars, où il demeure
et « besogne de son métier l'espace d'environ sept ans ».
S'il faut l'en croire, il n'oublie pas cependant l'ingrate qui
l'a abandonné. A deux ou trois reprises il va la voir, « il lui
baille même de l'argent pour acheter des vaches et mieux
s'entretenir ». Puis il revient à Beaumont, et après la délivrance du pays, s'en retourne à Mont-Saint-Jean, près de sa
femme, à laquelle il montre imprudemment le fruit de ses
économies, quinze écus d'or !

Quelques jours plus tard, une cousine lui ayant demandé
à emprunter un écu, il ne retrouve plus son trésor. Il le
réclame à sa femme qui lui répond « fièrement et arrogamment ». Bref, les deux époux se disputent, si bien que la
femme s'envole de rechef pendant un mois sans dire où elle
est, et à la suite de cette fugue le ménage se sépare définitivement. Le cordonnier laisse, prétend-t-il, à sa volage
moitié « la plus grand part de ses biens », et « par
desplaisance » s'en va à Sablé chercher du travail. A Sablé,
Gervais de Laquenaye, poursuivi par la mauvaise chance,
ne trouve personne « qui le meist en besogne » ; il mange
peu à peu ses dernières ressources, et en fin de compte
revient à Mont-Saint-Jean pour y reprendre quelques biens
qu'il a confiés avant son départ à l'une de ses sœurs.

Le malheur veut qu'il rencontre un jour sa femme dans
une maison du bourg. Une nouvelle dispute, plus grave que
la précédente, s'engage au sujet des écus disparus ; le
cordonnier, poussé à bout, saisit un quartier de pain et le
lance si vigoureusement à la tête de sa femme qu'il l'atteint
près de l'ouye et qu'une demi-heure après « elle s'en va de
vie à trespas ! »

Plus ou moins sincère dans ses regrets, Gervais de
Laquenaye, « bien esbay, » s'empresse de partir pour le
Mont-Saint-Michel, où tous les Français de ce temps sont

bien convaincus qu'ils doivent trouver le remède aux pires infortunes.

A son retour, hélas, il est appréhendé par les sergents de la justice de Sillé-le-Guillaume, mais, en vieux routier qu'il est, il leur échappe au milieu du bourg de Boyère (1) et se jette dans le cimetière. Les sergens furieux l'en arrachent de force. Aussitôt survient le curé qui revendique à grand tapage le droit d'asile dont jouit son cimetière, et somme les sergents d'y remettre leur prisonnier. Il n'en faut pas davantage pour soulever un de ces interminables conflits de juridiction si fréquents alors entre les autorités ecclésiastiques et laïques. L'évêque du Mans seul pourra le trancher et dire si le prévenu « demourera en franchise ou non ».

En attendant, le curé et les sergents font entre eux « un appointement » en vertu duquel Gervais de Laquenaye est « enferré » et mis « en un certain lieu » pour y passer la nuit. Le lendemain matin, « pour ce qu'il faisait bien froid » les sergents trouvent le pauvre cordonnier « tout roide et en grand dangier de mort ». Ils en ont pitié et le portent toujours enferré dans une maison voisine afin de l'y réchauffer.

Si mouvementée qu'elle soit déjà, l'odyssée de Gervais de Laquenaye se termine par un fait plus extraordinaire encore.

Se voyant décidément en mauvaise posture, le cordonnier se voue « par dévocion » à Saint Julien de Vouvantes (2). Or, la nuit qui suit son vœu, ses fers tombent tout-à-coup à terre devant lui. Il s'empresse de les ramasser, et tout joyeux s'en va accomplir un pélerinage de reconnaissance « audit lieu de Saint-Julien de Vouvantes », sans que le curé et les sergents, confondus par le miracle, osent s'y opposer.

(1) Bouère ? Mayenne, arrondissement de Château-Gontier.

(2) Saint-Julien de Vouvantes, l'un des lieux de pélerinage les plus célèbres du duché de Bretagne, aujourd'hui dans la Loire-Inférieure, arr. de Châteaubriant.

Le roi de France lui même ne pouvait aller à l'encontre de Monsieur Saint Julien. Il n'avait plus qu'à confirmer son œuvre et à régulariser la situation juridique de son protégé, ce qu'il fit docilement par une lettre de rémission donnée aux Montils-les-Tours en mars 1452 (1).

Ces aventures d'un modeste ouvrier résument, on peut le dire, toute l'histoire de l'époque. Mieux que de longues dissertations, elles dépeignent les misères des populations, l'émigration des campagnes, la crainte et la haine qu'inspirent les Anglais, les troubles causés dans les familles par l'invasion, la foi profonde de toutes les classes, et particulièrement la dévotion si caractéristique des habitants du Maine à Saint Michel du Mont de la Tombe et à Saint Julien de Vouvantes (2).

Un trait cependant manque au tableau : la seconde de nos lettres de rémission va nous le fournir sous la forme d'une dramatique histoire de sorcellerie.

En l'an 1447, vivait dans la paroisse de Teillé, à sept ou huit kilomètres de Beaumont, une femme nommée Guillemette, « tenue et réputée sorcière ». On l'accusait notamment d'avoir ensorcelé un habitant du village, Regnault Guincelin, à tel point que l'infortuné « ne pouvait plus avoir compagnie avec sa femme ».

Un beau jour, la maudite sorcière est rencontrée par trois valets anglais. L'un d'eux s'en empare, et la livre au fils de l'ensorcelé, Jean Guincelin, jeune écuyer de vingt-cinq ans, à l'imagination ardente. Il lui dit que ladite Guillemette a avoué son crime devant le chapelain de Teillé, mais que s'il consent à la laisser aller sans la mener à la justice, elle lèvera le sortilège et fera en sorte « que ledit Regnault habitera avec sa femme comme auparavant ».

Jean Guincelin, tout d'abord, veut interroger lui-même la

(1) Archives nationales. JJ. 181, fol. 168.
(2) Cf. Siméon Luce, *Le Maine sous la domination anglaise.*

sorcière. Celle-ci a l'impudence de renouveler son aveu et sa proposition devant la métayère de l'hôtel de la Belaudière. Dès lors, « la sorcellerie » est évidente, et Jean Guincelin, impitoyable, se résoud « à mener la coupable à justice pour être pugnie dudit cas ».

Comme Guillemette est connue, paraît-il, et amie d'aucunes gens de guerre, Jean Guincelin craint qu'elle ne lui soit enlevée en route. Il évite donc de suivre le chemin ordinaire et la fait passer au travers d'un petit bois, où il l'attache à un arbre pendant qu'il se repose quelques instants.

Mais voici qu'à peine liée, la sorcière se prend à appeler « tous les ennemis d'enfer et à dire des parolles si très orribles », que son conducteur, saisi d'une terreur panique, croit en mourir sur place. Il parvient néanmoins à se sauver et reste environ trois heures sans oser revenir dans le bois. Quelle n'est pas sa surprise, à son retour, de trouver la sorcière morte en l'état où il l'avait liée, « bien qu'il ne l'eut aucunement bléciée » !

De notre temps, en présence d'un pareil événement, les médecins légistes ne manqueraient pas de déclarer que la terrible Guillemette avait été liée un peu trop solidement et qu'elle avait succombé à quelque congestion. Plus naïfs, les jurisconsultes du XVe siècle déclarèrent non moins gravement, d'après la déposition de Jean Guincelin, « *que le diable avait tué la sorcière* » (1).

La perte n'était pas grande, somme toute, et en bonne justice, on ne pouvait rendre responsable des méfaits « des diables d'enfer » un brave écuyer, « d'excellente renommée et d'honnête conversation », qui s'était fait simplement l'auxiliaire de la justice. Charles VII le comprit ainsi dans sa royale sagesse, et imposa silence perpétuel sur l'incident. Il ne nous apprend pas, malheureusement, si Regnault Guincelin se trouva du coup désensorcelé et s'il eut désor-

(1) Archives nationales, JJ. 179, fol. 64.

mais, comme dans les contes de fées, beaucoup d'enfants.

Dans tous les cas, l'histoire achève de caractériser l'époque. Le XV⁰ siècle est, par excellence, le siècle des sorciers et de la magie ; témoin l'étrange et criminelle folie de Gilles de Raiz, qui fit d'un brave soldat, devenu maréchal de France, le monstre que la légende devait immortaliser sous le nom de *Barbe-bleue*. Ajoutons que le pays de Beaumont paraît avoir été alors tout particulièrement fertile en sorcières. Quelques années plus tard, en 1457, quatre femmes, dont l'une Jeanne Foro, de la même paroisse de Teillé, comparaîtront pour sortilèges et maléfices devant l'évêque du Mans, Martin Berruyer, de passage au prieuré de Vivoin. Convaincues d'avoir évoqué le diable, à la suite d'un procès qui fera un bruit énorme dans la province, elles seront tondues devant les halles de Beaumont, en présence de vingt mille spectateurs, puis bannies du diocèse (1). Jeanne Foro était sans doute une élève de notre Guillemette, et l'évêque du Mans dut regretter que l'ennemi d'enfer ne lui ait pas rendu le même service qu'à Jean Guincelin, en étranglant à propos ses quatre sorcières.

Après les précédents, le dernier épisode que nous avons à raconter semblera banal : c'est un gendre qui tue son beau-père dans un accès de colère contre sa belle-mère. Les détails, cependant, ne sont pas sans intérêt et quelques-uns ont une réelle importance (2).

Grâce à ce drame de famille, en effet, nous apprenons pour la première fois *que les membres du Conseil du roi et peut-être Charles VII lui-même passèrent à Vivoin au mois d'août 1450*, sans doute en revenant de Caen à Tours, et qu'au lendemain de leur départ la belle église du prieuré fut dévalisée (3).

(1) V. Archives de la Sarthe, Fonds municipal du Mans, 809 ; dom Piolin, *Histoire de l'Église du Mans*, V. p. 163.

(2) Archives nationales, JJ. 186, fol. 13.

(3) « L'église dudit lieu de Vivoingn [au païs du Maine], *qui tantost*

Le fait, comme on le pense, avait fortement ému les habitants et donné libre carrière aux mauvaises langues. Un honnête praticien en cour laye de la paroisse de Vivoin, André Le Rougetel, âgé de vingt-huit ans, étant à Beaumont un jour du mois de septembre de cette année 1450, fut averti par des amis charitables que la femme de Gervais Moisy, sa belle-mère, « tenait de lui parolles avec ses voisines », l'accusant non seulement de complicité dans le vol de l'église mais encore d'avoir dérobé de l'argent qu'elle avait perdu au même moment.

« Courroucié » de tels propos, « marry et desplaisant de tout son cueur », André Le Rougetel revint au plus vite à Vivoin et se rendit « à l'ostel » de ses beaux-parents. Il les y trouva avec le curé et plusieurs autres personnes, « fit révérance au curé en ôtant son chapeau et bonnet », puis tira à part Gervais Moisy et sa femme pour leur demander raison des paroles qu'on lui avait rapportées.

Gervais Moisy, pour son malheur, était un homme « fier et despiteux », qui, « du temps des Anglais, avait été leur chastellain à Fresnay et avait eu auctorité soubs eux » (1). Il

*après notre partement dudit lieu de Vivoingn a esté robée...* » Ibidem, II, 186, f. 13. *Lettre de rémission donnée à Tours au mois de septembre 1450.* — Le passage de Charles VII à Vivoin n'étant signalé jusqu'ici par aucun autre document, nous nous sommes permis de consulter l'éminent historien de Charles VII, M. le marquis de Beaucourt, qui a bien voulu nous transmettre les renseignements suivants, extraits des itinéraires inédits du roi : « Après avoir quitté Caen le 11 juillet 1450, Charles VII séjourne du 15 au 28 à l'abbaye de Saint-André près Falaise, et du 29 juillet au 11 août à Écouché (Orne). Le 15 août, un acte est donné à Séez « à la relation du Conseil ». Un autre acte dans les mêmes conditions est donné à Vaas en ce même mois d'août. Le 22 août, le roi est à Château-du-Loir (Sarthe) ; le 31 à Maillé, et de là il se rend à Tours ». Vivoin se trouvant sur la route directe de Séez à Château-du-Loir, ces renseignements semblent entièrement confirmer notre document, mais il est à remarquer que la présence du conseil n'implique pas toujours celle du roi. Nous prions M. le marquis de Beaucourt d'agréer tous nos remerciements pour sa bienveillante communication.

(1) En 1444, Gervais Moisy était effectivement, « commis à la réparation du chastel de Fresnay ». *Fresnay-le-Vicomte*, p. 28.

le prit de très haut avec son gendre, et lui répondit si arrogamment que celui-ci furieux le menaca de sa dague. Le Rougetel, toutefois, parvint à se contenir, remit sa dague dans sa gaine et partit pour rentrer chez lui.

Sur ce, Gervais Moisy saisit « un croq de fer emmanché en un gros bois, commence à regnier Notre-Seigneur », se précipite à la poursuite de son gendre et le frappe à la tête avec son croc, malgré les efforts des assistants. La vue de son sang affole André Le Rougetel. S'estimant en cas de légitime défense, il tire de nouveau sa dague, et « en repellant force par force », lance à son adversaire « un coup de male fortune qui par avanture l'atteint au ventre, tellement que vingt trois heures plus tard, Gervais Moisy s'en va de vie à trespassement ».

La fin du drame est des plus édifiantes. Avant de mourir, le blessé reconnaît ses torts, pardonne à son gendre, « fait écrire son pardon par mots expres dans son testament », et requiert que l'affaire n'ait aucune suite.

André Le Rougetel, au premier moment, n'en prend pas moins la fuite, « pour doubte d'être pugny », mais son cas comporte de telles circonstances atténuantes que, dès la fin du mois, on obtient pour lui pleine et entière rémission.

Le passage de Charles VII, ou tout au moins des membres de son conseil, à Vivoin, et la mort tragique de cet ancien châtelain de Fresnay, partisan des Anglais, sont en quelque sorte symboliques. En évoquant parallèlement les souvenirs du voyage triomphal du roi de France dans les pays reconquis et la triste fin d'un des derniers serviteurs des Anglais, les deux faits s'accordent pour montrer que la délivrance du pays est dès lors définitive, et pour terminer par un rapprochement des plus significatifs l'histoire de Beaumont-le-Vicomte pendant la guerre de Cent-Ans.

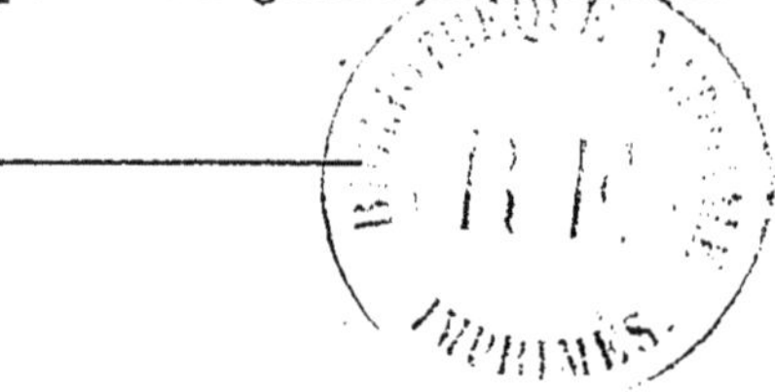

# TABLE DES MATIÈRES


INTRODUCTION . . . . . . . . . . .   5

## I

### LES FORTIFICATIONS DE BEAUMONT

Plan général : deux systèmes successifs. — I. La Motte et le Château primitif. — II. Le Donjon roman, ses dépendances et l'enceinte de la ville. . . . . . . . . . . . .   9

## II

### L'INVASION ANGLAISE ET LA RÉSISTANCE, 1417-1430

Prise de Beaumont par les Anglais, octobre 1417. — Excès de la garnison et organisation de la résistance. — Reprise de Beaumont par Ambroise de Loré, juillet 1418 ; Foulques de Courtarvel, capitaine de Beaumont. — Campagne de Falstaff et marche de Salisbury sur Le Mans ; deuxième siège de Beaumont, 1424-1425. — Épisodes inédits : combat autour de Beaumont et tentative de prisonniers « armignacs » pour enlever la place, 1427. — Suites de la délivrance d'Orléans : les Français rentrent à Beaumont, 1429--1430. . . . . . . .   27

## III

### LE COMBAT DE VIVOIN, 1432

Siège de Saint-Cénery-le-Géré par les Anglais. — Ambroise de Loré et Jean de Bueil réunissent une armée de secours à Sablé ; leur marche sur Beaumont. — Cantonnement des Français à Beaumont et à Vivoin. — Surprise des cantonnements par un corps de troupes anglais détaché du siège de Saint-Cénery. — Combat acharné, péripéties et épisodes. — Victoire des Français, ses conséquences et son effet moral. . . . . . . . . . . .   40

## IV

### L'OCCUPATION ET LA DÉLIVRANCE, 1433-1450

Beaumont après le combat de Vivoin : ingénieux système des Anglais
pour remplir leurs coffres. — Prise de Beaumont par le comte
d'Arundel, 1434. — L'occupation anglaise. — Expédition du comte de
Somerset et siège de 1443. — La délivrance, 1449. — Traits de mœurs
et épisodes : l'odyssée d'un cordonnier ; une histoire de sorcière ; un
drame de famille. — Passage de Charles VII à Vivoin, 1450.     51

9 782019 922481